Wege zur Mitte

Wege zur Mitte

HERDER

FREIBURG · BASEL · WIEN

Sonderband 2016

Herausgegeben von German Neundorfer

Mit Beiträgen von:

Franz Alt
Phil Bosmans
Gernot Candolini
Joan Chittister
Anselm Grün
Rainer Haak
Hildegard von Bingen
Gisela Ibele
Margrit Irgang
Joel ben Izzy
Bernd Lohse
Lorenz Marti
Anthony de Mello
Yarito Niimura
Henri Nouwen
Novalis
Rainer Maria Rilke
Richard Rohr
Andrea Schwarz
Christa Spannbauer
Christa Spilling-Nöker
Pierre Stutz
Alan Watts
Notker Wolf
Melanie Wolfers

Vorwort

Kaum ein Motiv ist in unseren Überlieferungen und Mythen so häufig zu finden wie das der Reise oder der Wanderschaft. Das Bild des Weges, auf den sich einer macht, ist über alle Zeiten in den unterschiedlichsten Kulturen und Regionen beheimatet. Unzählige Sagen und Märchen erzählen davon, viele religiöse Schriften haben die Suche und den Weg zum Thema; Lieder singen von der Wanderschaft, in Gedichten erklingt die Sehnsucht derer, die den Weg beschreiten, und auch im Kino spielt das Roadmovie keine unwesentliche Rolle.

Dabei ist Grundkonstellation immer sehr ähnlich: Die Heldin oder der Held machen sich auf, treten eine Suche an, erkunden unbekannte Gefilde. Doch was treibt sie eigentlich an? Was bringt sie dazu, das Zuhause zu verlassen? Es ist die Sehnsucht nach einem Neubeginn, die Suche nach einem Anderen, einem Unbekannten, es ist die Neugier, zuweilen ist es aber auch die pure Not, die dazu zwingt, die Heimat aufzugeben.

Ein neuer Anfang wird gewagt. Einige der Texte im neuen Frühjahrssonderband zeigen uns: Wir müssen loslassen können. Und das Loslassen macht frei. Einmal auf dem Weg, verändert sich alles. Tugenden wie Geduld und Beharrlichkeit gewinnen an Bedeutung. Lektionen des Weges sind zu lernen. Fernab vom Gewohnten fehlen die alten Sicherheiten und Routinen. Jeder Schritt ist neu, und das Leben erscheint als Mysterium. Bei all den Windungen und Wendungen des Wegs ist Orientierung ebenso wichtig wie die Gewissheit, sich auf die Begleiter verlassen zu können. Der Weg öffnet aber auch Augen und Ohren, er lässt das Leben neu erleben, macht aufmerksam für den Augenblick und die Schönheit des Daseins. Stille wird erfahrbar, der Kampf im Inneren verstummt.

Das Ziel der Wege und Texte, die der vorliegende Band versammelt, hat einen ganz bestimmten Namen: Es ist die Mitte. Wie in einem Labyrinth kann die Mitte ein geheimnisvoller, unbekannter Ort sein. Unbekannt und bekannt zugleich, denn was sich hinter diesem Symbol verbirgt, ist häufig die Begegnung mit sich selbst. Mit dem, was wir im Alltag des Gewohnten gerne vergessen, was verborgen liegt unter den Hüllen des immer Gleichen. Es ist aber auch die Begegnung mit dem, was wir zu verdrängen suchen, mit dem, was wir nicht sehen wollen. Der Weg in die Mitte ist nicht immer einfach, in jedem Fall aber ist er bereichernd und befreiend. Denn die Begegnung mit der eigenen Mitte führt letztlich zu mehr Gelassenheit. Sie zeigt uns, worauf es wirklich ankommt im Leben. Und sie ermöglicht uns die Heimkehr in unser altes Leben, das nicht mehr so ist wie zuvor.

Davon und noch von vielem mehr erzählen uns die Geschichten, Gedichte und Weisheitstexte im neuen Frühjahrssonderband. Und ich möchte Ihnen, liebe Leserin und lieber Leser, einen befreienden und bereichernden Weg in die Mitte wünschen.

German Neundorfer

Inhalt

2. Den Weg gehen

3. Den Augenblick erleben

6. Heimkehren

Anhang

In der Mitte

Jede Lebensreise hat einen tiefen Sinn. Ein grundlegender Lebenssinn für alle Menschen besteht darin, sich zu entwickeln und zu entfalten und die eigenen Gaben zur Blüte zu bringen. Wir sind eingeladen, Könige und Königinnen zu werden und unser Königreich zu bewohnen. Das Labyrinth unseres Lebens schickt uns nicht nur einmal auf den Weg, sondern wieder und wieder. Wir bewegen uns hinein und heraus; wir fassen Ziele ins Auge, wandeln uns und werden gewandelt; wir erreichen die Mitte und gehen weiter. Alles dient dazu, die Stärken zu entfalten und zu den Schwächen zu stehen. Wer seine Gaben einsetzt, wer sein Reich einnimmt, wird dadurch königlich und priesterlich.

Gernot Candolini

1

Aufbrechen

Brechet den Schlummer und säumet euch nicht,
die ihr begnadigt zu wandeln im Licht!
Sorge und Not, die das Herz euch beschwert
wird von dem Strahle des Frührots verzehrt.

Joseph Viktor von Scheffel

Ein neuer Anfang

Richard Rohr

Es scheint, als bräuchten wir Menschen Neuanfänge, denn ohne sie würde alles irgendwann bedeutungslos werden und sich in ein trauriges Nichts auflösen. Wir sind aber zu sehr viel mehr bestimmt! Deshalb wollen wir heute um *die Sehnsucht nach dem Sehnen* bitten. Selbst wenn wir es vielleicht noch nicht in uns spüren können, bitten wir um eine neue, nie gekannte Art der Sehnsucht, denn am Ende bekommen wir immer genau das, wonach wir uns wirklich sehnen. Das verspreche ich Ihnen! Da es der Heilige Geist selbst ist, der diese Sehnsucht in unserem tiefsten Inneren wachruft und wachsen lässt, erhalten wir nicht weniger als das, wonach wir uns tatsächlich sehnen – und wahrscheinlich noch viel mehr.

Wir *sind* die Sehnsucht Gottes. Gott sehnt sich durch uns, er sehnt sich nach Leben und Liebe durch uns und in uns. Wenn wir es zulassen und danach leben, werden wir unseren Platz im Universum der Dinge finden. Doch lassen Sie mich darauf hinweisen: Wir können uns nicht nach etwas sehnen, das wir noch nie gekostet haben. Machen Sie sich also jene tief in Ihnen verborgen liegende Sehnsucht bewusst, spüren Sie ihr mit ganzem Herzen nach, lassen Sie sie offen und weit werden ... Wenn Gott sich nicht zuerst nach dieser Sehnsucht gesehnt hätte – in uns und für uns und *als* uns –, könnten wir sie niemals verspüren ... Neue Anfänge kann es immer nur geben, wenn wir es zulassen, dass alte, falsche Dinge sterben.

Noach bricht auf

Da sprach Gott zu Noach: (...) Bau dir eine Arche aus Zypressenholz, mache sie aus Rohrgeflecht und überzieh sie innen und außen mit Pech. So sollst du sie bauen: Dreihundert Ellen soll die Länge der Arche sein, fünfzig Ellen ihre Breite und dreißig Ellen ihre Höhe. Mache für die Arche oben ein Dach, bringe die Tür der Arche an der Seite an und lege ein unteres, mittleres und oberes Stockwerk an. Denn ich will eine Flut, Wasser, über die Erde kommen lassen, um alles Fleisch, in dem Leben ist, unter dem Himmel zu vertilgen. Alles, was auf der Erde ist, soll umkommen. Mit dir aber will ich einen Bund schließen. Du sollst in die Arche gehen, du und mit dir deine Söhne, deine Frau und die Frauen deiner Söhne. Von allen lebenden Wesen, von allem Fleisch, sollst du zwei von allen in die Arche aufnehmen, damit sie dir am Leben bleiben, ein Männchen und ein Weibchen soll es sein. Von jeder Art der Vögel, von jeder Art des Viehs und von jeder Art der Kriechtiere am Boden sollen je zwei von allen mit dir hineingehen, damit sie am Leben bleiben. Du selbst aber sollst dir alles besorgen, was an Speise zur Ernährung dient, und es bei dir aufspeichern, damit es dir und ihnen zur Nahrung diene. Noach tat so; ganz, wie es ihm Gott befohlen hatte, tat er.

Der Herr sprach zu Noach: Geh du mit deiner ganzen Familie in die Arche; denn ich habe dich allein unter diesem Geschlecht als gerecht vor mir befunden. Von allen reinen Tieren nimm dir je sieben, Männchen und Weibchen, und von den unreinen Tieren zwei, ein Männchen und ein Weibchen, auch von den Vögeln je sieben, Männchen und Weibchen, damit sie sich später auf der Erde fortpflanzen können. Denn noch sieben Tage, dann lasse ich auf die Erde vierzig Tage und vierzig Nächte regnen und vertilge vom Erdboden alles Bestehende, das ich geschaffen habe. Noach tat ganz so, wie es ihm der Herr befohlen hatte. Noach war sechshundert Jahre alt, als die Flut über die Erde hereinbrach.

Und Noach ging, bevor die Flut kam, in die Arche und mit ihm seine Söhne, seine Frau und die Frauen seiner Söhne. Von den reinen und unreinen Tieren, von den Vögeln und von allem, was auf dem Boden kriecht, gingen zwei und zwei, immer ein Männchen und Weibchen, zu Noach in die Arche, wie Gott es Noach befohlen hatte. Nach Ablauf von sieben Tagen brach die Flut über die Erde herein. Im sechshundertsten Lebensjahr Noachs, am siebzehnten Tag des zweiten Monats, an diesem Tag brachen alle Quellen der großen Tiefe auf und die Schleusen des Himmels öffneten sich. Der Regen strömte auf die Erde vierzig Tage und vierzig Nächte lang.

An diesem Tag gingen Noach und Sem, Ham und Jafet, die Söhne Noachs, mit der Frau Noachs und den drei Frauen seiner Söhne in die Arche und mit ihnen alles Wild nach seiner Art und alles Vieh nach seiner Art und alles, was auf dem Boden kriecht, nach seiner Art, und alle Vögel nach ihrer Art, alles, was Flügel und Schwingen hat. Paarweise waren sie zu Noach in die Arche gekommen aus allen Wesen, in denen Leben ist. Von allen Wesen waren immer ein Männchen und ein Weibchen gekommen, wie Gott es ihm befohlen hatte. Und der Herr schloss hinter ihm zu.

Neues wagen

Christa Spannbauer

Nichts erfordert mehr Vertrauen in das Leben, als etwas Neues zu wagen. Und genau das ist es, wozu das Leben uns immer wieder ermuntern will: aufzubrechen zu neuen Ufern, Gewohntes zu verlassen, einen Schritt aus der Komfortzone herauszutreten und sich den frischen Wind der Veränderung um die Nase wehen zu lassen. Ein gelingendes Leben fordert es geradezu von uns ein, die eigenen Grenzen zu überschreiten, an Orte zu gehen, an denen wir noch nie waren, Menschen zu treffen, die bislang noch Fremde waren und damit das Gewohnte, Vertraute und auch Schützende hinter uns zu lassen. Das heißt es, sich dem Leben anzuvertrauen. Es bedarf hierfür keiner waghalsigen Abenteuer, es sind oft bereits die kleinen Schritte aus der täglichen Routine, die neuen Schwung ins Leben bringen.

Auf dem Olavsweg

Franz Alt

Bigi und ich waren noch nie zuvor pilgern. Unsere Pilgergruppe trifft sich erstmals am 14. Juli 2010 vor der St. Jacobi-Kirche in Hamburg. Zunächst bieten sich alle 15 Pilger das Du an. Verordnete Vertrautheit ist ungewohnt für mich. Aber na schön! Wenn's nicht schlimmer kommt!

Wer achtsam ist, akzeptiert die Dinge, ohne sie zu bewerten, lerne ich später.

Die Pastorin Christiane de Vos gibt uns den Reisesegen. Wir fahren mit zwei Kleinbussen von Hamburg ins dänische Fredrikshavn und von dort mit der Fähre nach Oslo. Die Überfahrt bietet eine erste Möglichkeit, sich vom Alltag zu lösen. Vorher sehen wir noch die imposante Hinweistafel vor Hamburgs Pilgerkirche, die die Entfernung zu wichtigen christlichen Pilgerstätten anzeigt: Rom 1706 km, Santiago 2500 km, Trondheim 1416 km, Loccum 185 km, Vadstena 750 km, Jerusalem 4000 km.

Am ersten Abend sehne ich mich einer erholsamen Nacht entgegen. Eine trügerische Hoffnung. Schnarch gleich im Terzett! Wir übernachten in einem Gemeindezentrum. Im Gemeinschaftsschlafsaal der Männer gibt es ein Schnarchkonzert, wie ich noch nie eines gehört hatte. Darauf bin ich überhaupt nicht vorbereitet. Warum tue ich mir das an?, frage ich mich. Ab zwei Uhr grüble ich darüber nach, worüber ich die nächsten Stunden noch nachgrübeln könnte. Bis fünf Uhr finde ich überhaupt keinen Schlaf. Eiskalt breitet sich die innere Leere aus wie der Nebel im November. Bei Tagesanbruch will ich nicht mehr länger an mein gemütliches Bett zu Hause denken, sondern flüchte mit meinem Schlafsack unter eine Treppe im Nachbarraum. Nur weg vom Schnarchkonzert. Zunächst aber ärgere ich mich, dass mir diese glorreiche Idee nicht früher kam, und kann wieder nicht schlafen. Als ich dann endlich beim Einschlafen bin, geht die Tür auf und ein Mitpilger, der wohl auch keinen Schlaf findet, steigt über mir die Treppe hinauf. Ich gebe endgültig auf. Und mein Entschluss steht fest: Ich werde nie mehr pilgern!

Beim Frühstück erzählen fast alle von ähnlichen Erfahrungen der letzten Nacht und wir lachen zusammen. Na ja. Das kann ja heiter werden. Unser Pilgerpastor sorgte ab der zweiten Nacht dafür, dass Bigi und ich fast immer ein Doppelzimmer bekamen – für uns allein. Das erste »Wunder« dieser Pilgerreise!

Lektion Nummer eins unseres Pilgerweges:

> Weniger aufregen und schon gar nicht, wenn du an einer Situation sowieso nichts ändern kannst.

Meinen Freund, den Dalai Lama, habe ich mal gefragt, warum er immer so gelassen und heiter sei und ihn gar nichts aus der Ruhe bringen könne. Seine Antwort: »Ich rege mich schon deshalb nicht auf, weil ich mich ja anschließend wieder abregen müsste. Und das ist mir einfach zu anstrengend.« Ausgangspunkt unserer Tour ist die »schönste Kirche der Welt«, so eine Mitpilgerin. Die alte Kathedrale in Hamar ist der ideale Startplatz zu einem anderen geistlichen Zentrum, zur Kathedrale von Nidaros, wie Trondheim im Mittelalter hieß.

Es ist tatsächlich eine der schönsten Kirchen der Welt – die Kathedrale in Glas von Hamar. Die alte Domruine liegt unter einem spektakulären, etwa 70 Meter langen und über 35 Meter breiten Glasdach. Hier empfangen wir den Pilgersegen unseres Pastors Bernd Lohse. Er evangelisch, ich katholisch – beim Pilgern spielt das überhaupt keine Rolle. Und auch sonst könnte uns das 2000 Jahre nach Jesus schnuppe sein, wenn wir nur etwas von ihm wirklich verstanden hätten.

Hamar existierte schon vor 1000 Jahren zu König Olavs Zeiten. Vor 800 Jahren wurde hier eine Domkirche gebaut, ähnlich gewaltig wie der Dom zu Nidaros. Schwedische Truppen zerstörten ihn im 17. Jahrhundert. Von der Kirche blieben nur einige Mauerreste übrig. Nachdem das Land nach 1905 erstmals ohne fremde Besatzer existierte, wollten die traditionsbewussten Norweger ihre gotische Domkirche erhalten, aber in moderner Form. So bauten zwei geniale Architekten eine gewaltige Stahlkonstruktion über die 400 Jahre alte Domruine und überdachten sie mit 4800 Quadratmetern Glas. Es entstand eine einmalige Kirche in der Kirche, mit einer wundervollen Akustik für Konzerte und Theateraufführungen und einer bezaubernden Atmosphäre. Die schwedischen Soldaten haben zwar einen Dom zerstört, aber ihr Gotteshaus konnten sie den Norwegern nicht nehmen.

Von dieser Kirche geht eine große Kraft aus. Das spüre ich sofort. Bigi meint: »Ein starker Ort mit viel Richtigkeit.«

Ich habe das Empfinden, mitten in einem gläsernen gotischen Dom zu stehen. Auch wenn ein klassisches Kirchengewölbe in diesem Glaskasten fehlt – eingewölbt ist diese Kirche dennoch: Der Himmel überspannt den Sakralbau im Glasmantel. Ein einzigartiger Gebetsort, hell und offen.

Wir stellen uns im Halbkreis um den Altar und Bernd gibt uns den Pilgersegen. Er betet:

Gott, wir danken Dir, dass Du die beschützt, die Dich suchen. Wir danken Dir, dass Du die leitest, die auf Dich hoffen.
Wir bitten Dich um Deinen Segen, wenn wir nun aufbrechen zu unserem Pilgerweg. Bewahre uns vor allem Übel, dass kein Schaden uns treffe.
Behüte Du unsere Körper und Seelen.
Hilf uns mit einem offenen Blick für das einzustehen, was Du uns auf diesem Weg zeigen willst.
Und wenn wir unser Ziel erreichen, hilf Du, Deine Stimme zu hören.
Öffne uns für die Erneuerung des Glaubens und Lebens.

Bleiben solche Gebete unverbindlich-fromme Wünsche oder werden wir »Gottes Stimme« beim Pilgern wirklich hören?, frage ich mich etwas ungläubig. Und in welcher Tonlage bitte? Gemeinsam singen wir das Lied »Vertraut den neuen Wegen …« Neue Wege: Körper, Geist und Seele brauchen immer neue Herausforderungen – wahrscheinlich bis zum letzten Atemzug.

Befreit

Anthony de Mello

»Wie soll ich Befreiung erlangen?«

»Finde heraus, wer dich festgehalten hat«, sagte der Meister.

Nach einer Woche kehrte der Schüler zurück und sagte: »Niemand hat mich festgehalten.«

»Warum möchtest du dann befreit werden?«

Für den Schüler war das ein Augenblick der Erleuchtung. Plötzlich wurde er frei.

Aufbruch zur Gelassenheit

Gernot Candolini

Die Suche nach dem eigenen Weg ist für viele Menschen das wichtigste Lebensthema. Wo komme ich her? Wie soll ich weitergehen? Was sind meine Ziele? Was ist wichtig? Um diese Fragen kreisen die Gedanken und der Mensch hofft auf gute Entscheidungen, die Hilfe im richtigen Augenblick oder auf eine gute Fügung. Doch wie oft ist das Leben vor allem verwirrend. Gutes und Schlechtes liegen immer wieder eng nebeneinander und Auseinandersetzungen und gute Unterscheidungen sind herausfordernde Aufgaben.

Das Labyrinth ist ein Muster dieses Weges, ein Abbild der Verwirrung. Die Verwirrung entsteht aus der Unüberschaubarkeit des Ganzen. Zu viele Linien liegen zu eng beieinander. Es ist unmöglich, auf einen Blick zu erkennen, welcher Weg nach vorne führt und welcher zurück, welcher Weg zur Mitte führt und welcher von der Mitte weg.

Der Weg erschließt sich dem Betrachter nicht und auch für den, der ihn nicht nur betrachtet, sondern wirklich geht, bleibt vieles unklar. Immer wieder ist der Weg zu unseren Zielen und Antworten länger als gedacht und immer wieder ist das, was wir gerade gewonnen haben, nach der nächsten Wendung schon wieder verloren.

Das Labyrinth ist ein Bild des wechselvollen Weges. Zugleich ist es ein Aufruf zur Gelassenheit. Gelassenheit entsteht aus der Erkenntnis, dass das Leben so ist, wie es ist, und nicht anders. Dazu gehören Abschnitte nahe der

Mitte und nahe am Rand, Wendepunkte, die mit Freude gegangen werden, und solche, die Widerstand und Zögern auslösen. Der wichtigste Grund zur Gelassenheit aber ist das Vorhandensein der Mitte. Es gibt ein Ziel, einen Ort der Geborgenheit, ein Zentrum. Gefüllt wird diese Mitte von dem, was die Labyrinthpilger an Stimmungen und Befindlichkeiten, an Glauben und Kultur in die Mitte tragen. Deshalb ist die Mitte für jeden Menschen etwas ganz Eigenes.

Gelassenheit im Leben zu finden erfordert Mühe, Ausdauer und Geduld. Manches Mal können wir aus uns heraustreten, über den aktuellen Moment hinausgelangen und gleichsam wie von oben auf unser Leben heruntersehen. Auch für diese Sehnsucht nach Erkennen des großen Ganzen und nach Gelassenheit kann das Labyrinth ein Bild sein: Wer aus einer erhöhten Position ein ganzes Labyrinth überblickt, für den fügen sich die vielen Linien zu einem faszinierend schönen Ganzen, das in seiner Vollkommenheit und Schönheit staunen lässt. Wenn unsere Lebensbahnen sich so ineinanderfügen, dann ist alles gut.

Loslassen können

Andrea Schwarz

Wer aufbrechen will, muss loslassen können. Wer den nächsten Schritt tun will, muss den Mut aufbringen, mit einem Fuß den sicheren Boden zu verlassen und »den Fuß an einen anderen Ort zu stellen«. Und das gilt auch für das Leben: Das Neue kann nur gewagt werden, wenn ich das Alte auch wirklich (ver-)lasse.

Zugegeben, das ist nicht immer leicht. Man hätte doch so gerne das eine und das andere. Ein bisschen das und ein bisschen von dem … und am liebsten das Beste von beidem.

Man kann nicht immer alles haben. Manchmal muss man das eine lassen, um das andere bekommen zu können. Und wenn da »mehr Leben ins Leben« soll, wie es Wolf Biermann in einem seiner Lieder besingt, dann kann es sein, dass ich manches »lassen« muss, um anderem Raum zu geben. …

»Wenn du vor einer Entscheidung stehst, dann wähle das, was dich lebendiger macht!«, so hat es mir eine alte Ordensschwester einmal auf meinen Lebensweg mitgegeben. Lebendiger – das heißt nicht unbedingt einfacher, schöner, leichter, glücklicher. Lebendiger – das kann durchaus heißen: Herausforderung, Zumutung, Unbequemlichkeit, Fragen, Zweifel.

Um aufbrechen zu können, muss ich das lassen, was mich festhält – und es mag sein, dass ich dann auch manches lassen muss, an dem ich eigentlich ganz gerne festhalten würde: Sicherheit, Geborgenheit, Heimat.

Das Leben neu entdecken

Christa Spilling-Nöker

Es ist bitter, wenn uns im Laufe des Lebens eine so tiefe Verletzung zugefügt wurde, dass wir nachhaltig darunter leiden. Immer wieder tauchen die Bilder dieses Traumas auf, auch in unseren Träumen. Da ist die Gefahr groß, dass wir in Selbstmitleid versinken, weil wir glauben, dass keinem anderen Menschen jemals so etwas Schreckliches widerfahren ist wie uns. Alles Denken kreist nur noch um uns selbst – und auch die Gespräche mit anderen sind von unserem Leiden bestimmt. Der Weg aus dieser Spirale des Selbstmitleids ist nicht leicht. Vielleicht nehmen wir eine Trauma-Therapie in Anspruch oder finden eine andere psychotherapeutische Wegbegleitung. Damit der Schmerz abklingen kann und wir uns darüber bewusst werden, wie viele beglückende Erfahrungen wir bisher auch machen durften.

Dadurch verschieben sich die Maßstäbe unserer Selbstwahrnehmung, so dass wir nach und nach wieder Freundliches und Frohes in unserem Leben entdecken.

Sehnsucht ist der Weg

Anselm Grün

Die Sehnsucht ist nicht – wie Sigmund Freud gemeint hat – ein Zeichen von Krankheit. Vielmehr ist die Sehnsucht der Ort, an dem wir das Leben intensiver erleben können. Die Sehnsucht nährt uns, die Sehnsucht verzaubert uns, die Sehnsucht lässt uns einverstanden sein mit der Durchschnittlichkeit unseres Lebens. Das Leben muss nicht all unsere Sehnsucht erfüllen. Es weckt unsere Sehnsucht. Damit überfrachten wir es nicht mit Erwartungen. Die Sehnsucht ist der Weg, in Frieden mit sich zu leben, ohne in Selbstzufriedenheit aufzugehen. Die Sehnsucht nährt unsere Seele, ohne uns in Sattheit träge werden zu lassen. Die Sehnsucht lässt die Dinge für uns erblühen. Sie lässt uns mit unseren Sinnen die Welt anders wahrnehmen. Die Sehnsucht ist der Weg, uns hier in dieser Welt daheim zu fühlen, ohne uns hier für immer einzurichten. Denn alles, was wir in der Sehnsucht spüren, weist uns über diese Welt hinaus. Die Sehnsucht verweist uns auf Gott, der allein unsere Sehnsucht zu stillen vermag. Wir müssen nicht immer beten, um mit der Sehnsucht in Berührung zu kommen. Alles, was wir schauen, hören, riechen, schmecken und betasten, weckt in uns die Sehnsucht nach dem Geheimnis, das uns jetzt schon berührt, das uns in seiner Fülle aber erst in Gott aufgehen wird.

2

Den Weg gehen

Wie heißt der Tag, da ich geboren bin?
Im Wandkalender les' ich Peregrin.
Ja, Peregrin!
Ein Fremdling war ich und ein Fremdling bin
Ich, und ein Fremdling geh ich hin.

Friedrich Rückert

Vom Mysterium des Lebens

Christa Spilling-Nöker

Das Mysterium des Lebens, unser Da-Sein-Dürfen, unsere Liebesfähigkeit, unsere Fantasie, Kreativität und Tatkraft sind in jedem Augenblick – jetzt und hier – Ausdruck der Schöpfung, Teil eines Ganzen, zu dem wir gehören, sie machen uns einzigartig in der Welt. In heiligen Momenten leuchtet uns die Gewissheit auf, dass wir nicht nur am Mysterium des Lebens teilhaben dürfen, sondern dass wir selbst ein Mysterium sind, einmaliges Geschöpf Gottes, sein Ebenbild, in dem sich die Fülle des Lebens, das Geheimnis göttlichen Seins, offenbart.

Aber oftmals können wir uns selbst nicht als »Geschenk des Himmels« wahrnehmen; den Schatz im eigenen Haus nicht aufspüren. Wir können uns oft selbst nicht annehmen, so wie wir sind, können uns oft selbst nicht lieb haben. Oder uns wächst der Alltag mit all seinen Problemen über den Kopf, dass wir nicht mehr wissen, wo wir mit der Arbeit anfangen sollen und aufhören können. In solchen Situationen leiden wir unter unserer Existenz, sind nicht wirklich bei uns, sondern stehen »neben uns« und haben das Gefühl, dass wir an unserem Leben vorbeileben.

Manchmal gehen wir weite Wege, um zu uns selbst und dem Leben, dem eigentlichen, zu finden, um uns irgendwo und irgendwie doch selbst spüren zu können. Dabei ahnen wir nach und nach etwas von dem Reichtum, der in uns ruht und uns staunen lässt über die Schönheit und den Glanz des eigenen Lebens.

Den Windungen folgen

Gernot Candolini

Die Wegsymbolik – das Labyrinth als Metapher für den menschlichen Lebensweg – ist die zentrale Bedeutung des Labyrinths. Vom Eingang her ist die Mitte meist gut sichtbar. Kurz scheint die Distanz, eindeutig der Weg. Doch sobald man die ersten Schritte gegangen ist, weiß man auch schon: Nichts ist so einfach, wie es scheint. Der Weg führt in die erste Wendung, weg vom Ziel, am Ziel vorbei. Wenn der Weg sich gar so weit zieht, können Zweifel aufkommen. Bin ich überhaupt noch auf dem richtigen Weg? Ist das Ziel wirklich erreichbar?

Das Labyrinth von Chartres hat 28 Wendungen bis zur Mitte. Das bedeutet, 28-mal anzustoßen, sich zu wenden, neu anzufangen, 28-mal sich neu zu orientieren, eine neue Blickrichtung und neue Perspektiven einzunehmen. Der gesamte Weg ist insgesamt 40-mal länger als die Distanz vom Eingang zur Mitte.

Einmal führte ich einen blinden Freund durch das Labyrinth von Chartres und nach einigen Wendungen begann er jede weitere Wendung mit einem lauten »Aha« zu kommentieren. So wurde mir die große Anzahl der Wendungen noch deutlicher bewusst.

Das Labyrinth zeigt: Alle Wege müssen ausgeschritten werden. Nichts kann abgekürzt oder ausgelassen werden. Geduld und Beharrlichkeit werden bald die wichtigsten Begleiter des Weges. Beim Abgehen eines Labyrinths öffnet sich oft ein besonderes Zeitfenster: Zeit zum Nachdenken, Zeit, um aus dem Inneren Fragen und Gedanken kommen zu lassen, Zeit, um nachzuspüren, was mich gerade bewegt, Zeit, diese Dinge hineinzunehmen in Gebete, Überlegungen und Vorhaben. In den verschlungenen Wegen des Labyrinths lässt es sich gut einkehren. Und auf einmal ist sie dann da: die Mitte.

Das Labyrinth ist ein Bild dafür, dass Wertvolles nicht einfach zu haben ist. Was einen Wert hat, fällt uns nur selten vor die Füße, sondern ist meist nur zu erreichen, indem wir uns auf den Weg begeben. Bedeutende Ziele verlangen viele Schritte.

Auch der innere Weg der Wandlung ist nicht einfach. Viel wird gefordert und viele Wendungen, Veränderungen und Grenzerfahrungen sind Teil des Ganzen. Erst nach dem Durchschreiten und Durchleben all dieser Wendungen, Veränderungen und Grenzerfahrungen wird die Mitte erreicht. Und erst im Überblick entfaltet sich die Schönheit des Ganzen.

Beharrlichkeit

Anselm Grün

Privat sehen wir es oft: das Zappen beim Fernsehprogramm, der Wechsel bei Beziehungen. Und auch im Beruf kennen wir das: Alles muss möglichst schnell gehen und sofort passieren. Wenn es schwierig wird – wir hüpfen einfach zu anderen Optionen. Wir haben schließlich Möglichkeiten genug. Warum diese Unruhe?

Die Tugend der Beharrlichkeit ist uns heute großenteils abhandengekommen. Es ist keine Haltung, die heute modern erscheint. Sie klingt zu sehr nach Anstrengung und nach Strenge, nach Pflicht und nach Müssen. Wir wollen spontan sein. Wir wollen uns nicht festlegen. Wir können ja nicht wissen, was uns das Leben noch alles zu bieten hat. Und da wollen wir lieber nichts versäumen, sondern alles mitnehmen, was zu haben ist.

Beharrlichkeit meint das Bleiben bei einer Sache, das beharrliche Durchstehen einer schwierigen Situation, aber auch das Aushalten und das geduldige Warten. Beharrlichkeit hängt mit Treue und Ausdauer zusammen. Beharrlichkeit als Tugend meint nicht das sture Beharren auf seinem Standpunkt, das krampfhafte Festhalten an seiner Meinung. In diesem Sinn kann das Wort »beharren« manchmal gebraucht werden, etwa wenn ich sage: »Ich beharre auf meinem Standpunkt, auf meinem Recht.« Beharrlichkeit heißt vielmehr: Ich bleibe bei einer Sache, etwa in meiner Arbeit. Ich hüpfe nicht von einem zum anderen. Ich bleibe bei der Arbeit, auch wenn sie viel Geduld erfordert. Ich bleibe auf meinem spirituellen Weg, auch wenn der mir momentan keine Befriedigung verschafft. Beharrlichkeit meint auch, dass ich in einer Beziehung bleibe, auch wenn es darin Konflikte und Schwierigkeiten gibt. Beharrlichkeit braucht der Lehrer, wenn er seine Schüler weiter unterrichtet, auch wenn manchmal kein Erfolg zu sehen ist. Beharrlichkeit brauchen die Seelsorger, wenn trotz aller Bemühungen immer weniger Menschen in den Sonntagsgottesdienst kommen. Die Beharrlichkeit ist immer mit der Hoffnung verbunden, dass sich durch das Aushalten und Ausharren etwas wandeln kann: in mir selbst, in der Beziehung zum anderen und in den anderen.

Die Bibel spricht oft von Beharrlichkeit. Sie gebraucht dabei das griechische Wort »hypomone«. Es ist gebildet aus »menein« (»bleiben«) und »hypo« (»unter«). Beharrlichkeit meint also das »Drunterbleiben«. Ich bleibe unter der Verpflichtung, die ich eingegangen bin. Ich bleibe aber auch unter dem, was auf mich einströmt von außen. In diesem Sinn wird »hypomone« als Ausharren und Warten verstanden, aber zugleich auch als Aushalten und Standfestigkeit. Ich lasse mich durch die Krisen und Konflikte meines Lebens nicht aus der Bahn werfen

Jesus sagt dreimal das gleiche Wort: »Wer ausharrt bis zum Ende, der wird gerettet werden« (Mk 13,13; Mt 10,22 und 24,13). Jesus spricht dieses Wort in die Konflikte hinein, in die seine Jünger geraten werden. Es sind einmal die Konflikte zwischen den Menschen, wenn einer gegen den anderen kämpft und ihn verleumdet. Dann braucht es die Beharrlichkeit und Standfestigkeit. Ich lasse mich nicht unterkriegen. Ich bleibe stehen, ich bleibe standfest. Ich halte aus, was auf mich einstürmt, in der Hoffnung, dass es vergeht. Wenn ich ausharre, so sagt Jesus, dann werde ich gerettet werden. Man kann das griechische Wort »sothesetai« auch übersetzen: Dann wird mein Leben gelingen. Zum anderen spricht Jesus dieses Wort in die Bedrängnisse hinein, die den Christen in der Endzeit erwarten. In der sogenannten apokalyptischen Rede (Mt 24) spricht Jesus vom Ende der Welt. Da ist von Kriegen die Rede, von Hungersnöten und Erdbeben und von falschen Propheten, die auftreten. Diese Endzeit ist letztlich immer. Das Ende der Welt ist zeitlich nicht festzulegen. Immer ist für uns Endzeit, letzte Zeit. Denn diese Welt mit ihren Kräften kommt immer an ihr Ende. Sie ist begrenzt, nicht nur in der Zeit, sondern auch mit ihren Möglichkeiten. Aber umso mehr gilt: »Wer ausharrt bis zum Ende, der wird gerettet werden« (Mt 24,13). Ausharren heißt hier: in der Gnade Jesu, in der Beziehung zu Jesus und zu Gott bleiben. Dann kann das Zusammenbrechen der Welt mir nichts anhaben. Wenn wir dieses Wort in unsere Situation hinein übersetzen, dann heißt es: Auch wenn manches um dich herum zerbricht, wenn du deine Arbeitsstelle verlierst, wenn deine Beziehung zu Bruch geht, wenn eine alte Freundschaft zerbricht, wenn deine Gesundheit brüchig wird: Du wirst daran nicht zerbrechen, wenn du in Gott deinen Grund hast.

Lukas übersetzt das Wort Jesu in eine etwas andere Sprache: »Wenn ihr standhaft bleibt, werdet ihr das Leben gewinnen« (Lk 21,19). Lukas sagt hier: »En te hypomone hymon ktesasthe tas psychas hymon.« Das heißt wörtlich: In eurer Beharrlichkeit, im Aushalten, im Standhalten werdet ihr eure Seelen gewinnen. Lukas spricht hier von Familienstreitigkeiten und vom Angeklagtwerden durch andere. Wenn ich bei all den Angriffen von außen in der Beharrlichkeit bleibe, dann gewinne ich meine Seele, dann komme ich in Berührung mit meiner Seele. Und zu meiner Seele, zum Grund meiner Seele haben die Angriffe keinen Zugang. Dahin können sie nicht vordringen.

Im Hebräerbrief steht ein Wort, um dessen Übersetzung sich die Exegeten streiten: »Eis paideian hypomenete« (Hebr 12,7). Die Einheitsübersetzung lautet: »Haltet aus, wenn ihr gezüchtigt werdet.« Die lateinische Übersetzung hat es anders verstanden: »In disciplina perseverate.« (»Haltet aus in der Disziplin, bleibt in der Disziplin.«) Ich verstehe das Wort so: »Harret aus zum Zweck der Erziehung.« Wenn ich auch in Bedrängnissen ausharre, dann kann das zur Erziehung dienen. Ich werde herausgezogen aus Illusionen, als ob das Leben immer nur schön wäre. Ich werde hingezogen zu meinem wahren Wesen. Ausharren in schwierigen Situationen kann also meiner Erziehung dienen. Ich werde immer mehr zu dem hingezogen, der ich in Wahrheit bin.

Das Gegenteil von Beharrlichkeit ist die Ungeduld. Ich erlebe viele Menschen, die nicht warten, die nicht ausharren können, bis sich eine Lösung zeigt. Die Lösung muss sofort her. Hier und jetzt. Ärzte erzählen mir, dass manche Patienten so ungeduldig sind. Fieber möchten sie sofort loshaben. Auch in der Begleitung von Ehepaaren erlebe ich diesen Mangel an Beharrlichkeit. Es gibt in jeder Ehe Phasen, in denen die Gefühle der Liebe scheinbar abhandengekommen sind. Auch da gilt es, erst einmal auszuharren in der Hoffnung, dass die Partner durch die Erfahrung von Leere und Gleichgültigkeit hindurch wieder in Berührung kommen mit ihrer Sehnsucht nach Liebe und sich von ihrer Sehnsucht nach Liebe in den Grund ihrer Seele führen lassen, in dem die unerschöpfliche Quelle der Liebe strömt. Beharrlichkeit ist kein resignatives Bleiben in der Ehe, weil ich nicht den Mut zur Trennung habe. Vielmehr ist die Beharrlichkeit mit Geduld und zugleich mit der Hoffnung verbunden, dass die Partner auch die Durststrecken in ihrer Beziehung aushalten und so in eine tiefere Liebe hineinwachsen, in eine Liebe, die stärker ist als das Gefühl.

Das Ziel nicht aus den Augen verlieren

Christa Spilling-Nöker

Wer schon einmal eine Bergtour gemacht hat, der weiß um deren Anstrengung. Aber er kennt auch das beglückende Gefühl, wenn er endlich den Gipfel erreicht hat und mit einem wundervollen Blick über das umliegende Bergpanorama für seine Mühen belohnt wird. Manchmal entspricht unser alltägliches Leben solch einer Bergwanderung. Da gibt es bisweilen steile und weite Wege und Durststrecken. Vielleicht möchte man dann und wann auf halber Strecke umkehren, weil man mit so großen Anstrengungen nicht gerechnet hat, weil man den Spaß an der Sache verliert oder fürchtet, das Ziel nicht zu erreichen. Aber wer unterwegs gelegentlich die Zähne zusammenbeißt und nicht aufgibt, der weiß um das schwindelerregende Gefühl der Freude, wenn man dort angekommen ist, wo man hin wollte und den Lohn der Mühe in Form seines persönlichen Erfolgs feiern kann.

Ziele vor Augen

Ich will nicht dauerhaft
so dahinleben,
von einem Tag zu dem anderen
und mich dann darüber beklagen,
dass mir das Dasein langweilig wird.
Ich werde mir heute

wieder ein Ziel setzen,
das ich mit all meiner Kraft
angehen und in die Tat
umsetzen will.
Dann beginnen die Energien
neu zu fließen,
und am Abend werde ich
stolz sein können auf den Schritt,
den ich vorangekommen bin.

Fruchtbare Unruhe

Anthony de Mello

»Was ist das Ziel deiner Suche?«

»Frieden«, sagte der Gast.

»Denjenigen, die suchen, ihr eigenes Ich zu schützen, bringt der Frieden nur Unruhe.«

Und zu einer Gruppe frommer Leute, die zu ihm kamen, um ihn anzugaffen und um einen Segen zu bitten, sagte der Meister: »Möge der Friede Gottes euch stets beunruhigen.«

Das Zeichen des Jona

Richard Rohr

Das Wort des Herrn erging an Jona zum zweiten Mal: Steh auf und geh nach Ninive, und predige ihr, wie ich dir auftragen werde.

Jona 3,1–2

»Es wird kein anderes Zeichen gegeben werden als das Zeichen des Jona«: Wenn man bedenkt, dass Katholiken Wunder und Erscheinungen lieben, Protestanten den Glauben zu einer Art Technik oder Formel gemacht haben und Evangelikale die Bibel gern als absolute Autorität betrachten, hört sich dieser aussagekräftige Satz Jesu ziemlich erstaunlich an. Anscheinend hat ihm kaum jemand Beachtung geschenkt. Und dabei geht Jesus sogar so weit zu sagen, es sei ein »böses Geschlecht«, das mehr fordert als das einfache Zeichen des Jona. Er sagt, es sei das »einzige Zeichen«, das er geben werde.

Das ist tatsächlich unbefriedigend. Denn eigentlich ist es überhaupt kein Zeichen, sondern eher ein Anti-Zeichen. Es bedeutet, dass wir uns zuerst in den Bauch der Dunkelheit begeben müssen, bevor wir erkennen können, was wirklich wichtig ist. Wenn wir uns auf die spirituelle Reise begeben wollen, müssen wir also eher die Kontrolle aufgeben, anstatt sie zu übernehmen. Vielleicht bedeutet es sogar, dass wir uns oft von anderen über Bord werfen lassen müssen und dass wir nicht durch unser eigenes Zutun, sondern allein durch Gottes Gnade ans richtige Ufer gelangen können. Das ist nun wirklich ein sehr beunruhigendes und unbefriedigendes Zeichen. Und mehr sollen wir nicht bekommen?

Der Glaube ist eben kein Ding, dessen Richtigkeit wir beweisen könnten oder das sich benutzen lässt, um irgendwohin zu gelangen. Wenn wir etwas haben wollen, an das wir glauben können (und das brauchen wir alle als Ausgangspunkt!), suchen wir uns am besten eine absolute Autorität, die uns einen klaren Standpunkt, eine eindeutige Identität und unmissverständliche Grenzen vorgibt. Doch das ist noch lange kein Glaube! Es ist nicht mehr als ein sicheres Fundament für unser persönliches Sprungbrett.

Der Glaube ist der Sprung ins Wasser, den wir nunmehr mit der gelebten Erfahrung tun können, *dass da Einer ist, der uns auffangen kann und wird* – und uns dorthin führt, wohin wir gehen sollen! In gewisser Hinsicht ist *Religion* ein Phänomen der ersten Lebenshälfte. Wahrer *Glaube* ist viel eher in der zweiten Hälfte des Lebens möglich, die nicht unbedingt von unserem chronologischen Alter abhängt, in jedem Fall aber vom Grad unserer spirituellen Reife. Wie der dänische Philosoph *Søren Kierkegaard* einmal sagte, »muss das Leben in der Schau nach vorwärts gelebt werden, kann aber nur in der Schau nach rückwärts verstanden werden«. Erst nachdem Jona wieder aus dem Bauch des Fischs hervorgekommen war, erkannte er, was Gott getan hatte. Erst dann konnte er Gottes Handlungsweise verstehen und sehen, wie richtig diese war. Vor der Reise, der Dunkelheit und dem Ausgespucktwerden am richtigen Strand – allesamt Dinge, gegen die er sich nach Kräften gewehrt hatte – gab es für Jona überhaupt keine Botschaft, die er hätte überbringen können. Jona kann tatsächlich als das jüdisch-christliche Symbol der Transformation betrachtet werden. Zweifelsohne war die Geschichte Jonas für Jesus inspirierend, da sie fast eins zu eins widerspiegelt, was ihm selbst widerfuhr.

Schau auf deinen Stern

Anselm Grün

Geh hinein in das Geheimnis des Lebens. Sei offen für alles. Versuche die Höhen und Tiefen des Lebens zu erforschen. Sei vor allem offen für die vielen Begegnungen, die du täglich erleben darfst. Lass dich durch jede Begegnung wandeln. Wachse immer mehr in deine eigene einmalige Gestalt hinein durch jeden Menschen, der dir auf deinem Weg begegnet. Aber folge dabei immer auch deinem eigenen Weg. Blicke auf deinen eigenen Stern. Sei achtsam auf dich selber.

Nicht aufgeben

Phil Bosmans

Wer Gott gefunden hat,
hat eine Antenne mehr,
um tiefere Botschaften zu empfangen.

Wer Gott gefunden hat,
hat einen Halt mehr im Leben,
hat einen Boden mehr unter seinen Füßen.

Wer Gott gefunden hat,
hat endlich sich wiedergefunden,
in einer weiteren Dimension,
weit über seinen Horizont hinaus,
in einer neuen, der religiösen Dimension.

Wer Gott gefunden hat,
muss stets weitersuchen,
um ihn stets mehr zu finden.

Gott ist so spannend.
Es ist nicht gut,
das Suchen aufzugeben.
Selbst, wenn man meint,
gefunden zu haben.

Du brauchst nicht alleine zu gehen

Andrea Schwarz

Jesus rief die Zwölf zu sich und begann sie paarweise auszusenden. Er gab ihnen Vollmacht über die unreinen Geister und gebot ihnen, außer einem Stab nichts auf den Weg mitzunehmen, kein Brot, keine Tasche, kein Geld im Gürtel. Nur Sandalen sollten sie tragen, aber keine zwei Röcke anziehen. Und er sagte zu ihnen: Wo ihr in ein Haus einkehrt, da bleibt, bis ihr von dort weiterwandert. Und wenn ein Ort euch nicht aufnimmt und man euch nicht hören will, dann geht fort und schüttelt den Staub von euren Füßen, zum Zeugnis. Darauf zogen sie aus und predigten Umkehr. Sie trieben viele Dämonen aus und salbten viele Kranke mit Öl und heilten sie.

Markusevangelium, 6. Kapitel, Verse 7–13

Als ich diesen Bibeltext vor einiger Zeit wieder einmal las, blieb ich plötzlich an der Stelle hängen: »Er begann sie paarweise auszusenden.« Und ich hab mich irgendwie ein bisschen gewundert. Das ist schon seltsam – und irgendwie auch Verschwendung: Hätte er sie einzeln ausgesandt, hätten sie an zwölf Orte gehen können, so aber nur an sechs. Und in der Lage, alleine zu gehen, wären sie sicher auch gewesen – immerhin: Von Jesus selbst mit Vollmacht ausgestattet! Es wird berichtet, dass sie Menschen heilen und Dämonen austreiben. Hätten sie ihren Auftrag nicht viel effektiver alleine erfüllen können?

Aber – das sind Fragen, die aus unserem funktionalen

Denken heraus kommen, aus einem Denken, dass mit möglichst wenig Aufwand möglichst viel Erfolg erreicht werden soll. Wir denken in solchen Kategorien wie Nutzen und Zweck und Erfolg und Aufwand. Wir fragen uns: Was bringt es? Und wenn es unterm Strich nichts bringt, dann lassen wir es eben bleiben. Und manchmal, da kommt ein solches Denken auch in unsere Kirchen hinein: Da werden Kirchenbesucher gezählt und Teilnehmerzahlen addiert, da zählt der Reinerlös vom Pfarrfest, und da wird die Frage gestellt: Lohnt sich der Aufwand mit der Erstkommunion, wenn anschließend doch so gut wie keiner mehr kommt? Und da kann es geschehen, dass wir unsere Vollmacht, die uns gegeben ist, auch missbrauchen, wenn wir nicht mehr den Dienst am Menschen sehen, sondern nur noch auf das, was unterm Strich herauskommt – und deshalb auch nur noch das tun, bei dem etwas herauskommt.

Ein solches Denken aber liegt Jesus mehr als fern. Er denkt nicht in den herkömmlichen Kategorien von Aufwand und Erfolg, es geht ihm nicht um die Menge, um die Leistung, um die Quantität. Er heilt nicht, damit ihm die Menschen anschließend nachfolgen, er führt keine Statistiken, er rechnet nicht auf – es geht ihm einfach um die Menschen und um das Leben.

Es geht ihm um die Menschen – und ich glaube, genau das ist der Schlüssel, warum Jesus seine Jünger zu zweit losschickt, allen Gesetzen der Rationalität und der Effektivität zum Trotz. Es geht ihm um die Menschen, zu denen er die Jünger hinschickt, aber es geht ihm auch um diejenigen, die er sendet. Er benutzt sie nicht einfach in seinem Interesse. Er will, dass es auch ihnen gut geht. Deshalb sendet er die Jünger zu zweit aus …

Zu zweit sein – Freundschaft, Partnerschaft, Ehe – es gibt die verschiedensten Formen. Aber: nicht alleine sein. Und der Gott, an den wir glauben, ein Gott, der die Menschen liebt, weiß ganz genau: Es ist nicht gut, dass der Mensch allein sei.

Allein sein – auf sich verwiesen sein, für alles da sein müssen, vom tropfenden Wasserhahn bis hin zur Steuererklärung, sich ganz alleine aufraffen müssen, ins Kino zu gehen, zu wandern, ins Schwimmbad. Keiner, der zuhört, niemand, der ein tröstendes Wort sagt, niemand, der nachfragt: Wie geht es dir?

Zu zweit sein – da ist einer, der mitdenkt, einer, dem ich nicht egal bin, einer, der mir den Rücken freihält. Da ist einer, der ein gutes Wort für mich hat, einer, der mich ermutigt, aber auch mal konfrontiert, wenn es nötig ist, da ist einer, der für mich ist, mit dem ich verbunden bin. Das ist das, was ich mit Freundschaft verbinde.

Freundschaft, das ist Heimat, das ist Geborgenheit – und nur aus solch einer Geborgenheit heraus kann ich mich in die Fremde wagen. Und im Gegensatz zum Verliebtsein verliert sich Freundschaft nicht in sich selbst, sondern ist in der Regel auf ein gemeinsames Drittes ausgerichtet, auf gemeinsame Interessen, ein Ziel, eine gewisse Idee vom Leben. Und dort, wo Liebe nicht um ihrer selbst willen gelebt und geliebt wird, wo Liebe nicht exklusiv, sondern inklusiv ist, die Umwelt mit einbezieht, kann Freundschaft das entscheidende Band einer Partnerschaft sein.

Mit einem Freund an der Seite ist kein Weg zu lang, so sagt es ein altes Sprichwort. Mit einem Freund an der Seite trau ich mich, die verrücktesten Sachen zu tun, mit einem Freund an der Seite kann ich hinstehen, für eine Sache einstehen. Ein Freund, das ist einer, der mich trägt, wenn ich nicht mehr kann – und der mir offen sagt, wenn er an Grenzen kommt. Das ist einer, bei dem ich weinen kann – und der weiß, wann es notwendig ist, mich in den Arm zu nehmen. Das ist einer, der sich mir zumuten kann – und der mich auch aushält. Das ist ein Miteinander – und das ist nicht nur die gegenseitige Ermutigung, sondern auch die gegenseitige Korrektur. Da erinnert man sich gegenseitig an den Auftrag, an die Idee – und kann den anderen liebevoll darauf hinweisen, wenn er seine »Vollmacht« nicht in den Dienst der Menschen stellt, sondern im Sinne vermeintlichen Erfolgs missbraucht.

Christsein – ich glaube, das geht alleine gar nicht. In Südafrika gibt es ein Sprichwort: »Wenn du schnell gehen willst, geh alleine. Wenn du weit gehen willst, geh mit anderen.« Es braucht die anderen, die mit mir auf dem Weg sind, die mit mir ausgerichtet sind auf Gott. Es braucht die anderen, damit ich die Radikalität dieses Gottes aushalten kann, es braucht die anderen, damit ich mich senden lassen kann, mich in seinen Dienst stellen kann. Es braucht die Freunde, die mir den Mut geben, die Nähe schenken, damit ich mich selbstlos und vorbehaltlos in den Dienst der Menschen stellen kann – und meinen Dienst nicht dazu missbrauche, Menschen deshalb zu helfen, um geliebt zu werden.

Es braucht die Freunde, damit ich selbst ein bisschen besser Mensch sein kann.

Ich glaube, genau deshalb sendet Jesus die Jünger zu zweit aus – damit sie nicht verloren gehen angesichts der Größe ihrer Aufgabe, damit sie Mensch bleiben können trotz der Zumutung, in den Dienst genommen zu sein – und den Menschen Mensch sein können.

Wer solche Freunde hat, kann sich auf den Weg machen – und wer sich auf den Weg macht, der bekommt solche Freunde zur Seite gestellt.

Und ich glaube, deshalb stellt uns auch Gott seinen Heiligen Geist zur Seite: damit wir nicht alleine gehen müssen.

Wege

Novalis

Mannigfache Wege gehen die Menschen. Wer sie verfolgt und vergleicht, wird wunderliche Figuren entstehen sehn; Figuren, die zu jener großen Chiffernschrift zu gehören scheinen, die man überall, auf Flügeln, Eierschalen, in Wolken, im Schnee, in Kristallen und in Steinbildungen, auf gefrierenden Wassern, im Innern und Äußern der Gebirge, der Pflanzen, der Tiere, der Menschen, in den Lichtern des Himmels, auf berührten und gestrichenen Scheiben von Pech und Glas, in den Feilspänen um den Magnet her, und sonderbaren Konjunkturen des Zufalls, erblickt. In ihnen ahndet man den Schlüssel dieser Wunderschrift, die Sprachlehre derselben; allein die Ahndung will sich selbst in keine feste Formen fügen, und scheint kein höherer Schlüssel werden zu wollen. Ein Alkahest scheint über die Sinne der Menschen ausgegossen zu sein. Nur augenblicklich scheinen ihre Wünsche, ihre Gedanken sich zu verdichten. So entstehen ihre Ahndungen, aber nach kurzen Zeiten schwimmt alles wieder, wie vorher, vor ihren Blicken.

3

Den Augenblick erleben

Mein sind die Jahre nicht, die mir die Zeit genommen,
Mein sind die Jahre nicht, die etwa möchten kommen
Der Augenblick ist mein, und nehm' ich den in acht
So ist der mein, der Jahr und Ewigkeit gemacht.

Andreas Gryphius

Die Illusion der Zeit

Alan Watts

Wir leben in einer Kultur, die völlig von der Illusion der Zeit hypnotisiert ist und in der der so genannte jetzige Augenblick lediglich als der unendlich dünne Haarstrich zwischen einer alles beherrschenden ursächlichen Vergangenheit und einer mit ihrer Wichtigkeit alles vereinnahmenden Zukunft ist. Wir haben keine Gegenwart. Unser Bewusstsein ist so gut wie ganz von Erinnerungen und Erwartungen in Beschlag genommen. Uns ist gar nicht mehr bewusst, dass es eine andere Erfahrung als diejenige des gegenwärtigen Augenblicks niemals gab, gibt oder geben wird. Daher haben wir den Kontakt mit der Wirklichkeit verloren. Wir verwechseln die Welt, über die man redet und schreibt und die man beurteilt, mit der Welt, die tatsächlich ist. Unsere Faszination für die nützlichen Werkzeuge der Namen und Zahlen, der Symbole, Zeichen, Begriffe und Ideen hat uns ganz krank gemacht. Daher ist die Meditation die Kunst, mit dem verbalen und symbolischen Denken für einige Zeit auszusetzen. Man könnte das damit vergleichen, wie ein höfliches Publikum mit Reden aufhört, wenn ein Konzert anfangen soll.

Die Kraft des Augenblicks

Pierre Stutz

Im Mangel an Zeit für das Wesentliche, für ein lebensnotwendiges Durchatmen erkenne ich eine neue, subtile Form der Sklaverei. Wir lassen uns durch menschenfeindliche Strukturen durchs Leben peitschen und verbauen uns dadurch das Glück in unseren Beziehungen und in unserem Arbeiten. »Ich habe keine Zeit« wird zum alles bestimmenden Lebensgefühl. Dem setze ich mit aller Entschiedenheit die Behauptung entgegen, dass jeder und jede von uns Zeit genug hat – dass wir aber unsere Zeit zu wenig nutzen, um den Zugang zu unseren Ressourcen, zu unserem unerschöpflichen Wachstumspotenzial zu finden. Wir brauchen dringend ein Umdenken in allen unseren Lebensvollzügen – in den ganz persönlichen, wie auch in den sozialen, wirtschaftlichen und ökologischen Zusammenhängen.

Wir brauchen eine neue Kultur der Brachzeit, der Langsamkeit, der Leere, die unsere Lebensqualität fördert, unsere Solidarität nährt und unser Eingebundensein in Schöpfung und Kosmos stärkt. Wir brauchen eine Kultur des Widerstandes für eine menschlichere Welt, in der alle genügend Nahrung und saubere Luft zum Atmen haben.

Wir brauchen einen gesunden Rhythmus mit mehr Zwischenräumen, damit wir uns entschiedener und letztlich mit mehr Effizienz für eine nachhaltige Zukunft ein- und aussetzen können.

Die Kraft des Atems

In der mystischen Tradition aller Religionen habe ich gelernt, dass die Veränderung der Welt bei mir selber beginnt. Ich bin aufgerufen, meine Verantwortung wahrzunehmen in der Gestaltung meiner Beziehungen, meiner Arbeit und meiner Freizeit. Wenn ich einen wohlwollenden Umgang mit mir selber einübe, dann verändert dies unsere Welt. Das tiefe Ein- und Ausatmen eröffnet uns jene befreiende Spur, um gelöster und gelassener im Leben stehen zu können. Damit will ich auf gar keinen Fall die Komplexität und Widersprüchlichkeit unseres Lebens schönreden und mit ein paar einfachen Übungen verharmlosen. In meiner zwölfjährigen spirituellen Begleitung der unterschiedlichsten Menschen habe ich die Kunst der Einfachheit, die Gabe der Wiederholung, die Kraft der Rituale wiederentdeckt. Menschen, die nicht nur vom Kopf her leben möchten, sondern sich als Leib-Geist-Seele-Einheit entfalten wollen, sind auf die Weisheit der Wiederholung angewiesen. Wir sind aufgerufen, uns halbstündlich jene schöpferische Lebenskraft zu holen, die wir besonders dann brauchen, wenn wir hart gefordert sind im Leben.

Der Atem ist der Schlüssel zu diesem inneren Kraftort.

Der Atem ist zutiefst persönlich, und zugleich verbindet er uns als Lebensatem Gottes mit allem, was lebt.

Der Atem ist Ausdruck des Geschenkcharakters unseres Lebens. Das Wesentliche ist nie machbar, doch wir können Zwischen-Räume schaffen, um es zu erfahren.

Der Atem lädt uns ein zu einer Lebensschule, in der wir nicht nur vom Willen her leben, sondern uns dem Fluss des Lebens – eben dem Atemfluss – mehr anvertrauen.

Der Atem führt uns in die Gegenwart, ins Hier und Jetzt, in die Kraft des Augenblicks.

Dauer der Gegenwart

Anthony de Mello

»Wie lange dauert die Gegenwart, eine Minute oder eine Sekunde?«

»Viel kürzer und viel länger«, sagte der Meister.

»Kürzer, weil der Augenblick, den du angezielt hast, vorbei ist. Länger, weil, wenn du je in sie eingedrungen bist, du auf die Zeitigkeit stoßen und erfahren wirst, was Ewigkeit ist.«

Der Engel der Ungeduld

Anselm Grün

Wenn ich in einer Schlange stehe – an der Kasse im Supermarkt, vor dem Fahrkartenschalter, bei der Passkontrolle –, dann spüre ich, wie leicht da auch in mir die Nervosität hochkommt. Ich überlege, ob ich nicht besser in die andere Schlange wechseln soll, weil es da schneller geht. Oder ich werde ungeduldig, wenn ein Mitarbeiter oder ein Mitbruder etwas nicht versteht oder für meinen Begriff viel zu langsam ist bei allem, was er tut.

In solchen Situationen wünsche ich mir den Engel der Ungeduld: Engel wollen uns mit dem Potential in Berührung bringen, das in unserer Seele vorhanden ist. Der Engel der Ungeduld möchte uns jedoch nicht mit der eigenen Ungeduld in Berührung bringen. Er geht vielmehr hinein in unsere Ungeduld. Er begleitet uns, wenn wir ungeduldig sind.

Der Engel der Ungeduld ist einer, der es aushält, wenn meine Nerven anfangen zu flattern, und der mir leise auf die Schulter tippt und sagt: »Warum so ungeduldig? Nimm doch einfach die Zeit jetzt in der Warteschlange. Es ist geschenkte Zeit. Du kannst Dich spüren. Es ist eine wunderbare Gelegenheit, wieder in Deine Mitte zu kommen. Hast Du wirklich so viel zu tun? Auch wenn Du das meinst – dann gönne Dir jetzt die Pause, die Dir das Warten beschert.«

Der Engel der Ungeduld hält mir einen Spiegel vor die Augen. Er möchte, dass ich in diesen Spiegel schaue und mich frage, warum ich eigentlich so ungeduldig bin.

Dann erkenne ich, dass ich mich oft unnötig unter Druck setze, dass es auf die paar Minuten Warten nicht ankommt, dass jeder an die Reihe kommt. Im Spiegel sehe ich, wie lächerlich ich mich verhalte. Nur wegen weniger Minuten steigere ich mich in Ungeduld und Ärger hinein. Wenn ich ständig darauf fixiert bin, ob die Vorderleute sich nicht beeilen könnten, dann wird die Zeit des Wartens keine geschenkte Zeit, sondern eine vertane Zeit. Der Engel der Ungeduld, der bei mir ist, wenn ich gerade wieder ungeduldig bin, hat Humor. Er möchte mich auf augenzwinkernde Weise darauf aufmerksam machen, dass es sich nicht lohnt, ungeduldig zu sein. Er verwandelt das Warten, damit es keine ungute Ungeduld in mir auslöst, sondern ein gutes Warten wird.

Dieser Engel stellt Ihnen Fragen: Er fragt Sie, was Sie so ungeduldig und unruhig macht. Und er ermuntert Sie, in Ihre Ungeduld hineinzuhorchen. Was für Bilder, welche Erinnerungen kommen da in mir hoch? Warum bin ich so nervös? Es hilft nicht, wenn Sie sich einfach vornehmen, geduldig oder ruhig zu sein. Die Ungeduld ist für Sie wie ein Tor, durch das Sie gehen sollen, um sich selbst besser kennenzulernen. Wenn Sie die tieferen Ursachen Ihrer Ungeduld erkennen, dann können Sie überlegen: Was hilft mir, ruhiger zu werden? Der Engel zeigt es Ihnen: Wenn Sie ganz bei sich sind, dann werden die anderen Dinge, die Sie beunruhigen, nicht mehr so wichtig sein.

Der Engel der Ungeduld sagt Ihnen, dass Sie nicht gegen die Ungeduld ankämpfen, sondern freundlich mit ihr umgehen und sie immer wieder befragen sollen. Im Gespräch mit ihr können Sie dann sagen: »Ja, da bist du.

Ich kenne dich. Aber jetzt darfst du mal warten. Jetzt brauche ich dich nicht. Jetzt bin ich bei mir und genieße es, mich zu spüren und bei mir zu sein.«

Der Engel der Ungeduld lädt mich also ein, die Zeit des Wartens als meine Zeit zu sehen: Zeit, die mir gehört. Jetzt ist der Moment, in dem ich alle Zeit der Welt habe, um den Augenblick zu genießen. Jetzt kann ich mit mir selber in Berührung kommen. Ich kann auf mich warten, auf meine Seele, damit sie zu Wort kommt, in diesem Augenblick.

Das Leben wahrnehmen

Christa Spannbauer

Unser Leben findet hier und jetzt statt. Nicht im Gestern und nicht im Morgen. Wir wissen es. Und leben doch nicht danach. Wie oft sinnen wir über Ereignisse in der Vergangenheit nach, die wir nicht mehr ändern können, und spekulieren über die Zukunft, auf die wir letztlich keinen Einfluss haben? Wie oft scheint unser Leben irgendwo anders stattzufinden, nur nicht da, wo wir gerade sind? Und während wir noch auf die großen Momente des Lebens warten, zieht unser einzigartiges Leben unbeachtet an uns vorüber.

Zweifelsohne erfordert es Geduld und Entschlossenheit, sich immer wieder ins Hier und Jetzt zu holen, die Aufmerksamkeit gezielt auf das richten, was in diesem Augenblick geschieht, achtsam bei dem zu sein, was gerade ist und was wir gerade tun. Doch es lohnt sich! Denn nur so können wir die ganze Intensität des Lebens wahrnehmen und die vielen Geschenke, die der Augenblick für uns bereithält, auskosten.

Schlaf für Erwachte

Lorenz Marti

Bald erwachen die Siebenschläfer. Die kleinen Nager mit ihren großen schwarzen Augen und dem buschigen Schwanz schlafen vom Oktober bis im Mai ganze sieben Monate lang. Das ist allerdings noch nichts im Vergleich zu den sieben jungen Männern, die zu Zeiten der Christenverfolgung in eine Höhle bei Ephesus geflüchtet sind, dort angeblich zweihundert Jahre geschlafen haben und in einer völlig veränderten Welt wieder erwacht sind. Diese heiligen Siebenschläfer werden auch im Koran erwähnt, der ihre Schlafdauer gar auf 309 Jahre erhöht.

Siebenschläfer sind auch wir, wenn auch in einem andern Sinn: Ein Erwachsener schläft heute im Schnitt sieben Stunden. Vor zwanzig Jahren waren wir noch Achtschläfer. Und bald sind wir vielleicht Sechsschläfer. Die Schlafdauer nimmt laufend ab. Früher bestimmte das Sonnenlicht den rhythmischen Wechsel zwischen Wach- und Ruhezeiten. Heute macht das Kunstlicht die Nacht zum Tag, die natürlichen Rhythmen geraten durcheinander und die Ruhezeiten werden immer kürzer.

Den Seinen gibt's der Herr bekanntlich im Schlaf. Doch wenn die Seinen nicht mehr schlafen, kann er ihnen auch nichts geben. Eine unausgeschlafene Gesellschaft ist arm an Inspirationen und Visionen, dafür chronisch übermüdet. Das kann gefährlich werden: Im Frühjahr 1986 haben erschöpfte Techniker nach einer durchwachten Nacht durch Fehlmanipulationen die Reaktorkatastrophe von Tschernobyl ausgelöst. Heute brüsten sich Führungskräfte damit, wie wenig Schlaf sie brauchen. Oft merkt man es ihren Entscheidungen aber auch an, und man würde gerne dem einen oder andern Leistungsträger etwas mehr Ruhe verordnen.

Der Schlaf entführt uns in eine seltsame Zone der Machtlosigkeit und des Nichtseins. Er gilt als kleiner Bruder des Todes. Aber er ist ein freundlicher Bruder, der Dichter Friedrich Hebbel bezeichnet den Schlaf sogar als »genossenen Tod«. Das hört sich vielleicht merkwürdig an. Doch wer sich abends in die Kissen bettet, die Augen schließt und sanft ins vorübergehende Nichtsein versinkt, kann auf den Geschmack kommen. Dem Essayisten Michel de Montaigne hat das so gefallen, dass er sich von seinem Diener in der Nacht wecken ließ, um das Vergnügen zu haben, nochmals einschlafen zu können.

Das kleine abendliche Glück: Alles hinter sich lassen und für ein paar Stunden im Nirgendwo verschwinden. »Drei Dinge helfen, die Mühseligkeiten des Lebens zu tragen«, schreibt Immanuel Kant: »Die Hoffnung, der Schlaf und das Lachen.« Ein schönes Dreigespann! Und eine gute Übung: Einschlafen in der Hoffnung, wieder zu erwachen, und dann beim Erwachen einfach lachen.

Aber bitte nicht zu laut. Die Siebenschläfer schlafen noch.

Heute ist der Tag

Phil Bosmans

Heute ist der Tag, um glücklich zu sein!
Kein anderer Tag ist dir gegeben als der Tag von heute,
um zu leben, um fröhlich und zufrieden zu sein.
Wenn du heute nicht lebst, hast du den Tag verloren.

Verdüstere deinen Geist nicht mit Angst und Sorgen von morgen.
Beschwere dein Herz nicht mit dem ganzen Elend von gestern.
Lebe heute!

An das Gute von gestern magst du getrost denken.
Träume auch von den schönen Dingen,
die morgen kommen mögen.
Aber verliere dich nicht ins Gestern oder ins Morgen.

Gestern: schon vorbei.
Morgen: kommt erst noch.
Heute: der einzige Tag, den du in der Hand hast.
Mach daraus deinen besten Tag!

Der Ziegelstein

Yarito Niimura

In einem Kloster in den Bergen lebte ein Meister, dem nachgesagt wurde, dass seine Fähigkeit, die Lehre des Buddha zu deuten, nirgendwo seinesgleichen fand. Unter seinen vielen Schülern war auch ein junger Mönch, der sich allen körperlichen und geistigen Übungen mit besonderem Eifer hingab. Mit großem Ernst ging er daran, den tiefsten Grund des Zen zu erkunden. Und wie es heißt, war ihm niemand in der Ausdauer gleich, mit der er sich der Meditation hingab. Dem Meister blieb all das nicht verborgen.

Eines Tages, der junge Schüler war schon seit Tagen in der Meditation versunken, begab sich der Meister zu ihm. Eine Zeitlang betrachtete er den Meditierenden, dann setzte er sich neben seinen Schüler, hob das Bruchstück eines Ziegelsteins auf und begann daran zu reiben. Unentwegt rieb er den Ziegel, musterte ihn zuweilen aufmerksam und rieb dann weiter und immer weiter. Der Tag war schon fast vergangen, und der Meister rieb noch immer, da vermochte der Schüler nicht länger zu schweigen.

»Meister«, fragte er, »was macht Ihr mit dem Ziegel?«

»Siehst du das nicht?«, gab der Meister zur Antwort. »Ich will einen Spiegel daraus machen.«

»Aber Meister«, erwiderte der Schüler, »ist es denn überhaupt möglich, aus einem Ziegelstein einen Spiegel zu machen?«

»Ist es denn überhaupt möglich, durch Meditieren die Buddhaschaft zu erlangen?«

Der Schüler war zutiefst erschüttert. Verwirrt fragte er: »Was bleibt mir denn dann noch zu tun?«

Der Meister antwortete: »Bleibt der Wagen stehen, wen trifft die Peitsche, den Wagen oder den Ochsen?«

»Den Ochsen selbstverständlich«, antwortete der Schüler.

Und in diesem Augenblick wurde der Schüler von einer tiefen Erkenntnis durchdrungen.

Sorge dich nicht, lebe!

Christa Spilling-Nöker

Manchmal machen wir uns das Leben selbst schwer. In dunklen Stunden liegen wir wach und malen uns aus, was alles an Schrecklichem passieren könnte. Die Eltern könnten pflegebedürftig werden. Die Kinder bestehen vielleicht nicht ihre Prüfungen und bekommen keinen Arbeitsplatz. Wir fühlen uns gelegentlich unwohl und fürchten, schwer krank zu werden. Was uns in Wirklichkeit krank macht, sind die zumeist unbegründeten Sorgen, mit denen wir uns herumquälen. Ein Perspektivwechsel kann da heilsam sein. Wir sind froh, dass die Eltern noch rüstig sind, wir vertrauen darauf, dass die Kinder ihren Weg machen und wir genießen das, was uns der heutige Tag an sonnigen Augenblicken und schönen Eindrücken schenkt.

Loslassen

Pierre Stutz

Atempausen laden ein zu einem Schweigen, in dem Meinungsverschiedenheiten und Konflikte nicht verdrängt werden, sondern in einem guten und tieferen Sinne in Ruhe gelassen werden. So kann sich behutsam bestimmt eine neue Perspektive eröffnen. Es gehört ganz sicher zum Schwierigsten im Leben eines Menschen, zu lassen. Es bedeutet, nicht dauernd in denselben Gedanken stecken zu bleiben, sondern sie zu lassen.

Vom Zauber des Augenblicks

Anselm Grün

Der Augenblick geht so schnell vorbei. Ich schaue schnell mit meinen Augen auf etwas. Und schon ist es wieder vorbei. Doch wer die Kunst beherrscht, ganz im Augenblick zu sein, für den bringt der Augenblick alles, wessen er bedarf. Er ist ganz gegenwärtig. Er ist einfach nur da, ohne Druck, sich beweisen zu müssen. Der Augenblick lehrt uns, einfach nur zu sein, genauso ursprünglich zu sein wie dieser eine Augenblick. Dann vermag uns der Augenblick zu bezaubern oder auch zu verzaubern. Wir genießen es, einfach zu sein. Das reine Sein ist eine tiefe Erfahrung des Menschen.

Platon, der größte griechische Philosoph, meint, Gott sei das reine Sein. Wenn wir einfach im Augenblick sind, haben wir teil am reinen Sein Gottes. Und dann erleben wir etwas vom Zauber des Augenblicks. Dann ist dieser eine Augenblick, in dem ich einen Menschen anschaue, voller Zauber. Oder ich bleibe beim Spazierengehen im Wald stehen, höre in diesem Augenblick das Rauschen des Windes und das Singen der Vögel. Wenn ich ganz im Hören bin, dann verzaubert mich dieser Augenblick. Ich höre einfach und gehöre mir selbst, gehöre dem Geheimnis des Klangs, dem Geheimnis des Seins. Oder ich bleibe stehen und schaue mir den Baum an, wie er sich mit seinen Wurzeln an den Felsen krallt. Ich schaue und werde im Schauen eins mit dem, was ich schaue. Ich schaue tiefer. Ich blicke durch. Ich brauche meine Augen nicht mehr herumschweifen zu lassen. Dieses reine Schauen zeigt mir alles, wonach sich meine Seele sehnt. Und ich schaue mich selbst in dem, was ich außen erschaue.

Aber es braucht auch Übung, um den Zauber des Augenblicks zu erleben. Ich übe mich ein, ganz gegenwärtig zu sein, achtsam zu sein. Ich achte auf das, was ich tue, auf das, was ich sehe, höre, rieche, betaste. Achtsamkeit hat mit Aufwachen zu tun. Wir wandeln oft schlaftrunken durch die Welt, nehmen alles nur halb wahr. Mystik – so meint der indische Jesuit de Mello – ist Aufwachen zur Wirklichkeit. Ich wache auf und nehme die Wirklichkeit so wahr, wie sie ist. Dann erkenne ich den Zauber in allen Dingen. Aufwachen hat damit zu tun, dass ich mit meiner Sehnsucht in Berührung komme. Marcel Proust, der französische Schriftsteller, meint einmal: »Sehnsucht lässt die Dinge erblühen.« Wenn ich mit Sehnsucht auf die Blume schaue, auf den Baum, auf die Wolken am Himmel, auf den Menschen, dem ich begegne, dann blüht alles um mich herum auf. Ich erkenne in der Blume meine Sehnsucht nach Schönheit, in den Wolken meine Sehnsucht nach Heimat, im Menschen meine Sehnsucht nach Liebe. Und in der Sehnsucht nach Liebe ist schon Liebe, in der Sehnsucht nach Heimat ist schon Heimat.

4

Die Stille hören

Das Beste ist die tiefe Stille, in der ich gegen die Welt lebe und wachse und gewinne, was sie mir mit Feuer und Schwert nicht nehmen können.

Johann Wolfgang von Goethe

Im Einklang

Anselm Grün

Ein Weg, um mit sich in Einklang zu kommen, ist die Einkehr. Wer bei sich selbst einkehrt, der entdeckt den inneren Reichtum seiner Seele. Im Innern – so hat es Augustinus erfahren – begegnen wir Gott. Denn Gott ist uns innerlicher, als wir es uns selbst sind. Viele Menschen kehren lieber in eine Wirtschaft ein. Das kann auch schön sein, wenn man nach langer Wanderung einkehrt und Erquickung erfährt. Doch die wahre Einkehr geschieht in uns selbst. Manche meinen, diese Einkehr sei entweder langweilig oder aber gefährlich, weil man ja das innere Chaos entdecken könnte. Doch nur wer es wagt, bei sich einzukehren, kann zur Einheit mit sich gelangen und zum Einklang mit sich kommen.

Menschen, die zu viel vom Leben erwarten, tun sich schwer damit, einverstanden zu sein mit ihrem Leben. George Bernard Shaw hat für sich einen Weg gefunden, in Einklang zu kommen mit seinem Leben: »Ich habe gelernt, vom Leben nicht viel zu erwarten. Das ist das Geheimnis echter Heiterkeit und der Grund, warum ich angenehme Überraschungen statt trostloser Enttäuschungen erlebe.« Weil er sich keine Illusionen über sein Leben macht und das Gelingen seines Lebens nicht von bestimmten Erwartungen abhängig sein lässt, darum ist er im Einklang mit sich selbst. Und er kann innerlich heiter und gelassen sein und dankbar für die angenehmen Überraschungen, die ihm das Leben doch immer wieder bereitet.

Der Kampf in uns

Margrit Irgang

Um uns herum ist tiefe Stille, aber in uns findet ein Kampf auf einem Schlachtfeld statt. Wir fragen uns, ob wir zu Hause das Gas abgeschaltet haben, und entdecken, dass wir vergessen haben, Brot zu kaufen. Der gestrige Streit mit dem Nachbarn ist wieder da, so frisch und lebendig, als hätte er sich in der Zwischenzeit von unserer Weigerung, ihn zu erledigen, genährt. Uns fällt ein, was wir hätten tun oder sagen sollen, und wir ärgern uns, dass wir nicht schlagfertiger waren. Es gab schon einmal einen Fall, in dem wir uns unterlegen fühlten. Der Mann, der uns damals geärgert hatte, erinnert uns in fataler Weise an den Menschen auf dem Kissen neben uns. Wir fragen uns, was für Leute hier eigentlich verkehren, und ob wir wirklich am rechten Ort gelandet sind. Gegen Räucherstäbchen, fällt uns ein, sind wir ohnehin allergisch.

Lichtschein einer anderen Welt

Christa Spilling-Nöker

Abstand gewinnen
von den Alltäglichkeiten,
Rückzug suchen
auf der Insel der Stille
und in dem abgeschiedenen Raum
der Gefühle.
In der Begegnung
mit deiner eigenen Wahrheit
ahnst du den Lichtschein
einer anderen Welt.

Ein Ort des Schweigens

Schwester Gisela Ibele

In uns ist ein Ort des Schweigens, zu dem unsere Gedanken und Gefühle, unsere Bedürfnisse und Leidenschaften keinen Zutritt haben. Dort ist heiliger Raum, göttliche Gegenwart. Die Stille der Seele ist wie das Kind in mir: ursprünglich, einfach, absichtslos, lauter und rein. Kein Mensch, keine Leidenschaft, keine Schuld hat Zutritt in mein Heiligtum. Das schweigende Kind in mir: Es will wachsen und Raum gewinnen. Je mehr ich diesem Schweigen zuhöre, bin ich in Berührung mit mir selbst. Ich bin befreit, mich nicht immer wie ein Erwachsener korrekt verhalten zu müssen, fehlerfrei zu sein, andern helfen und andere heilen zu wollen. Ich darf zu meinem Selbst finden und mich selbst lieben.

Stille und Begegnung

Anselm Grün

Ich brauche zum Leben immer wieder die Stille. In der Stille komme ich in Berührung mit meinem wahren Wesen. Da fallen all die Trübungen weg, die mein wahres Selbst verdunkeln. Da entdecke ich, wer ich bin. Und in der Stille begegne ich Gott. Da erlebe ich Gott als den Grund meines Lebens, aber zugleich auch als das Ziel meiner Sehnsucht. Ich brauche zum Leben aber auch die Begegnung mit Menschen. Ich weiß, dass ich mich in der Stille auch vom Leben zurückziehen kann. Die Stille und die Einsamkeit rufen nach der Begegnung mit Menschen. Im Gespräch mit ihnen blüht das Leben auf. Da entwickeln sich neue Gedanken. Da entsteht Nähe. Ich spüre mich selbst ganz anders, wenn ich die Nähe eines lieben Menschen spüre. Und ich brauche zum Leben Bücher. Im Lesen tauche ich in eine eigene Welt ein. Diese Welt erweitert meine begrenzte Welt. Mein Leben wird bunter. Ich entdecke den Reichtum meiner eigenen Seele. Und ich brauche für mein Leben die Musik. Im Hören von Musik wird meine Seele beflügelt. Da wird mein Herz weit. Und wenn ich selbst singe, dann komme ich durch das Singen in Berührung mit dem Innersten meines Herzens. Und dort spüre ich die Essenz meines Lebens: die Freude und die Liebe.

Flächen der Ruhe urbar machen

Pierre Stutz

Bei sich zu bleiben, einfach zu sein bedeutet, sich zunächst einmal im staunenden Genießen der Schönheit des Lebens und in der Konfrontation mit der Härte des Daseins zu sammeln. Erst danach ist ein Handeln angebracht, aus einer inneren Kraft heraus. Die kritische Seite meines Verstandes, die ich nicht missen möchte, fragt sofort nach: »Einfach sein, das kann es doch nicht gewesen sein? Das soll die Frucht deines 20-jährigen spirituellen Weges sein?« Ich erwidere ihr mit ein paar Worten, die ich auf die erste Seite meines Terminkalenders 2015 geklebt habe. In meiner Agenda stehen schon Termine für das Jahr 2017 (!), weil ich meine Verantwortung in dieser Welt wahrnehme. Um mich darin nicht zu verlieren, brauche ich einen Gegenpol, den ich im Tagebucheintrag von Etty Hillesum finde. Diese junge jüdische Frau notierte am 29. September 1942:

> *»Das ist eigentlich unsere einzige moralische Aufgabe: in sich selbst große Flächen urbar machen für die Ruhe, für immer mehr Ruhe, sodass man diese Ruhe wieder auf andere ausstrahlen kann. Und je mehr Ruhe in den Menschen ist, desto ruhiger wird es auch in dieser aufgeregten Welt.«*

Ich atme tief durch, wenn ich diese Worte regelmäßig lese. Sie nähren mich. Sie schenken mir Orientierung. Sie bestärken mich zu einer gesunden Balance. Was für eine Kraft ruht in diesen wenigen Sätzen! Wie konnte eine lebenslustige, kämpferische junge Frau in einer grausam verdunkelten Zeit solche Worte finden? Etty Hillesum kämpfte wie wild, sie unterstützte viele jüdische Familien und weigerte sich, sich in Sündenbock- und Feindbildmechanismen zu verstricken. Sie entdeckte die Stille als politische Kraft, die dank der Distanz zum Alltag neue Perspektiven eröffnen kann.

Parabel

Zu einem Einsiedler kamen eines Tages Menschen. Sie fragten ihn: »Welchen Sinn siehst du in deinem Leben der Stille?«

Er war gerade mit dem Schöpfen von Wasser beschäftigt, aus einer tiefen Zisterne. Er überlegte. Er sprach: »Schaut in die Zisterne. Was seht ihr?«

Die Besucher blickten in die tiefe Zisterne: »Wir sehen nichts.« Nach einer Weile forderte der Einsiedler die Leute wieder auf: »Schaut in die Zisterne. Was seht ihr?« Sie blickten hinunter und sagten: »Jetzt sehen wir uns selbst!«

Der Einsiedler sprach: »Als ich vorhin Wasser schöpfte, war das Wasser unruhig, und ihr konntet nichts sehen. Jetzt ist das Wasser ruhig, und man sieht sich selber. Das ist die Erfahrung der Stille.«

Schweigen

Bernd Lohse

Schweigezeiten gehören seit eh und je zum Pilgern. Als Martin Luther und ein Mitbruder von Erfurt nach Rom gepilgert sind, haben sie fast den gesamten Weg über geschwiegen. Sie bereiteten sich so auf den Plenarablass in Rom vor. War das Schweigen auf dem Pilgerweg im Mittelalter eine Bußübung beziehungsweise eine besondere Form der Askese, so entdecken wir heute den Segen des Schweigens im Angesicht einer allgegenwärtigen Wort- und Kommunikationsflut. Die Fülle an Berieselung, unnützen Gesprächen, leeren Worthülsen und Geplapper gehört zu den wesentlichen Herausforderungen unserer Zeit. Auf all den Kommunikationswegen die wesentlichen Nachrichten und Ideen wahrzunehmen oder herauszufiltern ist eine Mammutaufgabe des modernen Menschen.

Ich rede, also bin ich – das könnte ein modernes Credo sein. Soziale Netzwerke erfordern ständige Verfügbarkeit und erzeugen dadurch Druck. Gerade die neue internettaugliche Handygeneration vervielfacht die Kommunikationsmöglichkeiten, aber ebenso die Kommunikationszwänge. Nicht alles, was geschrieben, gesimst und gesagt wird, ergibt wirklich Sinn.

Dem Schweigen kommt deshalb heute eine ganz besondere Bedeutung zu. Es braucht den Mut, dem Netz zeitweilig oder ganz den Rücken zu kehren und auf andere, echte Kommunikationsformen zu setzen. Vor allem braucht es das Bewusstsein, dass ich bin, auch wenn ich nicht online bin. So führt der selbstgewählte Verzicht auf Kommunikation zur kostbaren Freiheit, die Menschen auf Pilgerwanderungen erleben und schätzen lernen. Das Handy für die Zeit der Pilgerreise zu Hause zu lassen ist eine echte und weise Entscheidung. Es klingt wie altvordere Technikfeindlichkeit, ist aber Zukunftsstrategie. Die Fähigkeit zur Unterscheidung wird uns helfen zu überleben.

Schweigen ist bewusster Verzicht. Viele Menschen erleben gerade die Zeiten des Schweigens auf Pilgerwanderungen als großen Segen. Eine Pilgerin sprach mal davon: »Das Schweigen ist das Einzelzimmer der Pilgerin.« Es ist die Mönchsklause, der Besinnungsraum, die Meditationsnische, die wir überallhin mitnehmen können.

Nicht der Besitz und nicht die ständige Präsenz machen uns die Dinge und Menschen wichtig, sondern gerade die bewusste und dadurch maßvolle und stimmige Kontaktaufnahme. Nicht wer viel redet, ist der beste Freund und hat das meiste zu sagen. Ganz im Gegenteil kann der, der bei sich ist, wenn er redet und zuhört, der bessere Freund sein. Freiheit und Bewusstheit ist eine gute Grundlage für Freundschaft und ebenso für das Gebet, für die Beziehung zu Gott.

Das Leben meditieren

Christa Spilling-Nöker

Meditationen können uns den Weg zu einem verinnerlichten Leben weisen. Es gibt heute eine Vielzahl von Meditationsübungen: das Still-und-leer-Werden in sich selbst, gegenständliche Meditationen, wie die Meditation eines Symbols, Fantasiereisen oder die Gestaltung eines Mandalas. Wir werden herausfinden, welche Form uns am ehesten entspricht. Zur Meditation bedürfen wir der Ruhe und Stille. Wir dürfen uns dabei nicht unter Druck setzen, bestimmte »gute Erfahrungen« machen zu müssen. Bei der Meditation handelt es sich immer um eine absichtslose Konzentration, die eingeübt werden will. Solche Achtsamkeitsübungen sollen uns aus der Zerstreutheit und den Zerstreuungen des Alltags heraus zu innerer Sammlung führen, um die göttliche Kraft in uns, um uns selbst ganz wahrzunehmen.

5

Zur Mitte finden

Mitte aller Mitten, Kern der Kerne,
Mandel, die sich einschließt und versüßt, –
dieses Alles bis an alle Sterne
ist dein Fruchtfleisch: Sei gegrüßt.

Rainer Maria Rilke

Offene Augen

Schwester Gisela Ibele

»Da gingen ihnen die Augen auf«: Auf einmal nehme ich die Welt anders wahr, ändert sich meine Sichtweise, und die Täuschung wird offenbar. Gerade in Grenzsituationen, wenn wir nicht mehr können und nicht mehr funktionieren, können uns die »Augen aufgehen«. Wir erkennen, was wirklich wichtig und richtig ist. Die Wahrnehmung lenkt den Blick in die eigene Mitte. Dort ereignet sich ein wahres Wunder: Aus dem Sehen wird ein tiefgründiges Schauen, aus der Wahrnehmung erwächst Erkenntnis. Die Sucht, mir selbst und anderen etwas aufzuzwingen, stirbt. Ich spüre, wie mir der Mut zuwächst, mich auf ein selbstständiges Leben hin zu lösen. Ich muss nicht mehr – ich kann, ich darf, ich will!

Jede Nacht geht einmal vorüber

Christa Spilling-Nöker

Tiefe Enttäuschungen können uns müde machen und unsere Tatkraft lähmen. Wir fragen uns vielleicht sogar nach dem Sinn unserer Existenz. Wozu haben wir uns so abgemüht, so viel Zeit, Energie und Fantasie investiert, wenn all unsere Anstrengungen am Ende doch vergeblich gewesen sind? Vielleicht gehen uns in der Nacht sogar lebensmüde Gedanken durch den Kopf. Lohnt es sich überhaupt, noch einmal neu anzufangen. Reichen die Kräfte? Wollen wir das überhaupt? Können wir noch einmal auf die Füße kommen und einen neuen Weg finden und ihn dann auch gehen? Ein bekanntes Wort lautet: »Die Mitte der Nacht ist der Anfang des Tages«. Die dunklen Stunden vergehen und es wird wieder hell, auch wenn man es im Augenblick nicht zu glauben wagt. Denn das Leben ist zu einmalig, um es wegzuwerfen. Es ist es wert, geduldig auf den Anbruch des neuen Morgens zu warten.

Zuversicht ist lebbar

Manchmal weißt du
weder aus noch ein
und denkst darüber nach,
ob es nicht besser wäre,
deinem Leben

ein Ende zu machen.
Doch ist die Nacht des Todes
noch nicht bereit,
dich zu empfangen,
es träumen deiner Seele
neue Hoffnungsbilder,
die dich schon bald
mit ihrem lichten Glanz
durchdringen wollen
und Zuversicht neu
lebbar machen.

Lebenskünstler

Margrit Irgang

Ein Künstler des Lebens weiß, dass er, wie jeder Mensch, sich unablässig verändert. Er ist nicht mehr der, der er gestern war, und in einem Monat wird er ein ganz anderer sein. Er hat die starren Regeln aus seinem Leben verbannt. Er tanzt auf dem Seil. Der Tanz ist unendlich. Alles, was er tun kann, ist, sich immer wieder neu auszurichten, um die Mitte in sich selbst zu finden. So erschafft er Harmonie. Harmonie ist nicht eine rosafarbene Wolke, auf der die Dunkelheiten der Welt nicht zur Kenntnis genommen werden. Harmonie ist der Tanz auf dem Seil, den Abgrund der Unbewusstheit und Unausgeglichenheit vor Augen. Harmonie nimmt alle Schwierigkeiten, alle Extreme in sich auf und erschafft eine dritte Position: die Balance.

Die Mitte spüren

Gernot Candolini

Anzukommen ist der Wunsch aller, die aufgebrochen sind. Nehme ich mir etwas vor, hoffe ich, es auch zu erreichen. Mache ich mir etwas zur Aufgabe, versuche ich, sie auch abzuschließen. Vieles davon ist ein Ringen und im Unterwegssein habe ich oft nur deshalb noch die nötige Energie, weil ich mir das Ziel ausmalen kann.

Erreiche ich dann schließlich mein Ziel, empfinde ich Freude und Erleichterung. In der Mitte eines Labyrinths anzukommen geht oft mit einem inneren Aufrichten, einem ausgesprochenen oder zumindest gedachten »Ah« einher. Freude ist der Begleiter aller Ankommenden.

Gerne verweile ich in der Mitte und spüre dieser Freude nach. Ich fühle, wie sich nun alles ineinanderfügt und alle langen Wege und Wendungen hinter mir liegen. Nun kann ich alles als Teil der guten Reise betrachten. Ich bleibe gerne länger, ruhe aus, führe ein Gespräch oder lasse mich für einen Augenblick nieder.

Doch in der Mitte zu bleiben ist nicht möglich und es wäre auch gar nicht gut. Ich muss zurückkehren in meinen Alltag und das, was ich erreicht und gewonnen habe, muss ich im Herzen mitnehmen und in mein Leben hineinweben.

Die Mitte fühlt sich gut an, doch jeder Aufenthalt an einem besonderen Ort hat seine Zeit und die Zeit ruft mich aus der Mitte heraus.

Der Herr Ich

Phil Bosmans

Jeden Tag begegnen wir Herrn Ich.
Herr Ich ist leicht zu erkennen.
Er sagt immer: Ich, ich, ich.
Herr Ich ist voll von sich.
Seine Worte sind die wichtigsten,
seine Gedanken die besten,
seine Erlebnisse die aufregendsten,
seine Wünsche die dringendsten,
seine Leiden die schlimmsten.
Alles dreht sich um ihn.
Wo er ist, ist der Mittelpunkt der Welt.
Herr Ich ist sehr beschäftigt.
Er hat nie Zeit für andere.
Herr Ich wohnt in jedem Menschen.

Setzen wir diesen Egoisten vor die Tür!
Fühlen wir mit unseren Mitmenschen,
teilen wir ihre Freuden und Leiden.
Wir Menschen gehören zusammen,
wir sind füreinander unentbehrlich.

Löwenzahn

Anthony de Mello

Ein Mann, der sehr stolz auf seinen Rasen war, stand plötzlich vor einer mit Löwenzahn übersäten Wiese. Er versuchte alles nur Denkbare, um den Löwenzahn loszuwerden, aber der kam immer wieder.

Schließlich schrieb er an das Landwirtschaftsministerium. Er zählte auf, was er alles versucht hatte, und schloss mit der Frage: »Was soll ich jetzt tun?« Zu gegebener Zeit kam die Antwort: »Wie wär's, wenn Sie versuchten, ihn schön zu finden und den Löwenzahn zu lieben?«

Auch ich hatte einen Rasen, auf den ich stolz war, und auch ich wurde von Löwenzahn heimgesucht, den ich mit allen mir zur Verfügung stehenden Mitteln beseitigen wollte. Es war also nicht leicht, ihn schön zu finden.

Ich begann, jeden Tag mit dem Löwenzahn zu reden, herzlich, freundlich. Er antwortete nur mit verdrossenem Schweigen. Die Pflanzen litten noch unter dem Krieg, den ich gegen sie geführt hatte. Wahrscheinlich kamen ihnen meine Beweggründe auch etwas verdächtig vor.

Aber nicht lange, dann lächelten sie zurück und entspannten sich. Und antworteten sogar auf das, was ich ihnen sagte. Bald waren wir gute Freunde. Mein Rasen war natürlich verdorben. Aber wie schön wurde mein Garten!

Ein Mensch wurde nach und nach blind. Und er kämpfte dagegen mit allen in seiner Macht stehenden Mitteln. Und als die Medizin nichts mehr ausrichten konnte, wehrte er sich mit Emotionen. Ich brauchte Mut, ihm zu sagen: »Ich schlage dir vor, du lernst deine Blindheit lieben.«

Es war ein Kampf. Zunächst weigerte er sich, sich auf irgendetwas einzulassen, auch nur ein einziges Wort dazu zu sagen. Und als er sich schließlich überwand, mit seiner Blindheit zu sprechen, waren seine Worte böse und bitter. Aber er sprach weiter, und langsam änderten sich seine Worte und drückten nun Resignation, Toleranz und Einwilligung aus. Und eines Tages wurden sie zu seinem großen Erstaunen freundlich und liebevoll. Dann kam der Tag, als er seine Blindheit umarmen und sagen konnte: »Ich liebe dich.« An diesem Tag sah ich ihn wieder lächeln, und wie anziehend war dieses Lächeln! Seine Sehkraft war natürlich für immer verloren. Aber wie schön wurde sein Gesicht, viel schöner als zuvor, ehe Blindheit sein Leben teilte.

Gott dienen

Joan Chittister

Eine Geschichte der Chassidim erzählt, wie sich Rabbi Israel einmal mit der Pfeife in der Hand zu seinen Schülern setzte. Dies war immer eine gute Zeit, um ihm Fragen zu stellen.

»Sag uns, ehrwürdiger Rabbi», fragten sie, »wie wir Gott dienen sollen.«

»Es waren einmal zwei Freunde, die beide vor dem König eines Verbrechens bezichtigt wurden. Der König liebte beide, deshalb wollte er Gnade walten lassen. Er konnte sie nicht freisprechen, denn selbst das Wort des Königs kann sich nicht über die Gesetze hinwegsetzen. Also erließ er folgendes Urteil:

Ein Seil sollte über einen tiefen Abgrund gespannt werden. Die beiden Angeklagten sollten nacheinander über das Seil balancieren. Wenn sie die andere Seite erreichten, sollte ihnen das Leben geschenkt werden.

Es geschah, wie es der König befohlen hatte. Der erste der beiden Freunde erreichte sicher die andere Seite.

Der andere, der immer noch an der gleichen Stelle stand, rief ihm zu: ›Sag mir, mein Freund, wie hast du es geschafft, diesen schrecklichen Abgrund auf einem dünnen, schwankenden Seil zu überqueren?‹ Der erste der beiden Gefangenen rief zurück: ›Ich kann dir nichts anderes sagen als dies: Immer, wenn ich das Gefühl hatte, dass ich zur einen Seite falle, lehnte ich mich zur anderen.‹«

Warten können

Rainer Haak

Der Altbauer war in letzter Zeit häufig krank und schon ein wenig gebrechlich. Doch eines Tages machte er sich mit einem großen, leeren Eimer auf in den nahen Eichenwald.

»Dürfen wir mitkommen?«, fragten seine Enkelkinder. Er nickte ihnen freundlich zu und so stapften sie hinter ihm her.

Bei den ersten hohen Eichen machte er Halt und begann, sich nach den Eicheln zu bücken und sie aufzusammeln. Seine Enkel bemerkten, wie schwer ihm das Bücken fiel, und halfen ihm eifrig beim Suchen.

»Aber nur die guten, ohne Risse und schlechte Stellen«, sagte er extra langsam und deutlich. »Die anderen könnt ihr liegen lassen!«

Es dauerte für die Kinder fast endlos lange, bis der Eimer schließlich mit Eicheln gefüllt war, nur die beste Sorte ohne Fehler.

»Wofür Opa wohl die vielen Eicheln braucht?«, tuschelten sie miteinander.

Am nächsten Tag begann der Altbauer, auf dem Brachland neben dem Bauernhaus die Eicheln in die Erde zu pflanzen. Mit einem angespitzten Stab stieß er Löcher in die Erde, legte jeweils eine Eichel hinein und schloss das Loch wieder.

»Was machst du da?«, fragten ihn die Kinder.

»Na, ich pflanze Eichen. Riesige, wunderschöne Bäume. Die wachsen von ganz allein. Wir brauchen sie nicht einmal zu begießen. Das macht alles die Natur. Wir müssen nur viel Geduld mitbringen und warten können.«

»Aber warum tust du das?«, wollte eines der Enkelkinder wissen. »Opa, du sagst doch selbst, dass das lange dauert. Wenn aus den Eicheln große Bäume geworden sind, dann wirst du nichts mehr von ihnen haben. Genieße lieber dein Leben und freu dich über die Zeit, die du noch hast!«

Der Alte sah seine Enkel lange und liebevoll an, dann antwortete er ihnen mit fester Stimme:

»Ihr glaubt, dass ich alter Mann mich noch über die letzte Zeit meines Lebens freuen kann? Ihr habt recht, ich kann es. Und wisst ihr auch, worüber ich mich freue? Nun, ich träume davon, dass meine Enkel, wenn sie selber so alt sind wie ich, eines Tages überrascht hinaufblicken und sich über die Vögel freuen, die oben in einer der kräftigen Eichen ihr Nest gebaut haben.«

Verheißungen

Anselm Grün

Auch die Bibel ist voll von Geschichten, die Verheißungen sind: Dass das Meer zu trockenem Land und zu festem Boden wird. Dass aus einem harten Felsen plötzlich Wasser strömt, ein Stein zur Quelle neuen Lebens wird. Dass die Wüste plötzlich blüht, dass ein Dornbusch zum strahlenden Ort göttlicher Gegenwart wird. Dass wir in unserer Armseligkeit zum Abbild der Herrlichkeit werden.

Nicht wir vollbringen dieses Wunder. Gott tut es an uns. Wir müssen nur der Spur unserer Sehnsucht folgen, die uns zu ihm zieht, und uns ihm hingeben. Wer sich auf den Weg macht, dessen Sehnsucht wird gestillt. Er wird den Segen erfahren.

Was tust du hier?

Elija trat dort in eine Höhle und übernachtete darin. Da erging das Wort des Herrn an ihn und er sprach zu ihm: Was tust du hier, Elija? … Da sprach er: Geh hinaus und tritt auf dem Berg vor den Herrn hin! Da zog der Herr vorüber. Ein gewaltiger, heftiger Sturm, der Berge zersprengt und Felsen spaltet, ging vor dem Herrn her; aber der Herr war nicht im Sturm. Nach dem Sturm kam ein Erdbeben; aber der Herr war nicht im Erdbeben. Nach dem Erdbeben kam Feuer; aber der Herr war nicht im Feuer. Nach dem Feuer kam ein leises, sanftes Säuseln. Als Elija das vernahm, verhüllte er sein Gesicht mit seinem Mantel, ging hinaus und trat an den Eingang der Höhle. Nun drang eine Stimme zu ihm, die ihm zurief: Was tust du hier, Elija?

Die Botschaft der Lebensmitte

Andrea Schwarz

Manche Bibelwissenschaftler sagen, dass Elijas Gottesbild ergänzt wird. Zu den eher männlichen Erscheinungsweisen Gottes wie Kraft und Macht, verkörpert durch Sturm, Erdbeben und Feuer, kommt ein neues Bild von Gott dazu, das Leise, Sanfte, Säuselnde – ein eher weibliches Gottesbild. Ein Gott der Liebe und der Barmherzigkeit, der Begegnung und der Beziehung, ein Gott, der berührt und aufrichtet, tröstet und nährt – so wie der Engel beim Ginsterstrauch. Kann es sein, dass das der Grund ist, warum sich Elija bei Gott nicht für das bedankt, was dieser Engel ihm gegeben hat? Weil er es gar nicht mit Gott verbunden hat? Weil es nicht in sein Gottesbild hineingepasst hat?

Psychologisch gesehen könnte man Elija als den »Propheten der Lebensmitte« beschreiben – Integration von anima und animus. Bis zur Lebensmitte ist man ausreichend damit beschäftigt, das Männliche oder das Weibliche in sich zu finden und zu gestalten. Man sucht seine Rolle als Mann oder als Frau. In der Lebensmitte ist es angesagt, das jeweils andere in mir zu entdecken, als Mann das Sanfte und Zärtliche (mit ein Grund, warum viele Großväter bei ihren Enkeln die Zärtlichkeit leben können, die sie ihren eigenen Kindern nie zeigen konnten) und als Frau klarer Position zu beziehen, die eigene Meinung zu sagen, eindeutiger zu werden (auch ein Grund dafür, warum in dem Lebensabschnitt viele Trennungen in Beziehungen von Frauen ausgehen).

»Lebensmitte« in einem gelingenden Sinn kann heißen, »Männliches« und »Weibliches« in sich zu integrieren und damit neu »ganz« zu werden. Und das ist es, was jetzt für Elija ansteht. Seine einseitig männlich geprägten Gottesbilder tragen nicht mehr. Ja, das alles mögen Erscheinungsweisen Gottes sein – aber es ist nicht Gott. Gott ist mehr.

Gott ist auch das »vorüberschwebende Schweigen« (Martin Buber), das Leise, das Sanfte, die zarte Berührung.

Gott ist das Eine und das Andere. Und in ihm heben sich die Spannungen zwischen dem Einen und dem Anderen auf und verbinden sich in etwas ganz Anderem, Neuem.

Und genau das gibt Elija und mir die Erlaubnis, dass das Eine und das Andere in mir leben und sein darf, dass ich die Spannungen nicht ausmerzen muss, sondern genau aus dieser Spannung heraus mein Leben gestalten kann und darf.

Ja, ich darf sanft und zart und nachgiebig und barmherzig sein – und zugleich klar, entschieden, kraftvoll. Ich kann und darf Position beziehen – und doch um der Liebe willen lieben und nachgeben.

Das Eine braucht das Andere.

Das ist die Botschaft der Lebensmitte.

Und das ist das, was Elija jetzt vielleicht lernen soll.

Und ich vielleicht auch.

Das Geheimnis des Tiefpunkts

Richard Rohr

Für Christen begann die »Salbung« oder »Taufe« aller Materie mit dem Heiligen Geist bereits bei der Schöpfung, wie auch Genesis 1,2 andeutet. Dieser göttliche Charakter aller physischen Dinge kommt in aller Stille zum Vorschein, wenn Jakob einen kleinen Stein als Denkmal aufstellt und salbt: Jenen Stein, den er als Kopfkissen benutzt hat, als er im Traum die Himmelsleiter sah, auf der Gottes Engel hinauf und hinunter stiegen (Genesis 28,10–18). Mit Blick auf einen schlichten Stein hat er die Stirn zu sagen: »Wie furchtbar ist diese Stätte! Hier ist nichts anderes als das Haus Gottes und die Pforte des Himmels!« (28,17) Für das spätere Judentum und fromme Protestanten handelt es sich dabei nur um die Verehrung stehender Steine, die die Kanaaniter pflegten. Dabei spürt Jakob ganz richtig, dass er es hier mit einem Versprechen und Vorgeschmack der Inkarnation zu tun hat. Ich glaube, Jakob hat in diesem Moment das verborgene Christusmysterium gesehen und geehrt und es in jenem Stein aufgespürt, den er dann ja auch Bet-El, das Haus Gottes nennt.

Paulus sagt später in Bezug auf das Wasser aus dem Felsen, das die Israeliten in der Wüste rettete: »Sie tranken nämlich aus dem geistigen Felsen, der sie begleitete; der Fels aber war Christus.« (1. Korintherbrief 10,4) Das Evangelium geht noch weiter und sagt: Wer Jesus als den Christus erkennt, wird zum Felsen (Matthäus 16,18). Ich sehe hier lauter Post-it-Notizen, die Themen aus dem großen Unterbewussten zusammenfügen und nichts, was wir logisch erklären könnten. Von Jakob über Mose und Jesus bis hin zu Petrus findet eine allmähliche Entdeckung statt: das Geheimnis des Tiefpunkts. Sowohl die physische Welt als auch der Mensch erweisen sich als Versteck und Ort der Offenbarung Gottes. Und was noch besser ist: Wir werden zu Felsen, wenn wir dieses allgegenwärtige Christusmysterium entdecken.

Bei Kontemplationskursen sage ich immer: »Fangt mit einem Stein an.« Wenn Sie lernen können, konkrete, bruchstückhafte und spezifische Dinge zu lieben und zu ehren, dann können Sie darauf aufbauen. Alles, was Sie tun, deutet darauf hin, wie Sie »Christus tun«. Christen beginnen mit Jesus und sollten enden, indem sie mit Paulus rufen: »Alles und in allen Christus« (Kolosserbrief 3,11).

Um es noch einmal kurz zusammenzufassen, will ich die irische Autorin Elizabeth Bowen zitieren. Sie sagt: »Wenn ich mich von allem abwende und einem einzigen Gegenüber zuwende, dann werde ich zum Gegenüber für alles.«

Jesus ist das eine Gegenüber. Wir stehen ihm als Schnittstelle gegenüber. Und Christus ist alles.

Ganz da sein

Notker Wolf

»Seltsam dieses Wort *die Zeit vertreiben*« sagt Rilke. »Sie zu halten wäre das Problem.« Wie aktuell: Zerstreuung ist ein Grundübel unserer Zeit. Einfache und fromme Menschen haben früher gerne gebeichtet: »Ich habe unandächtig gebetet.« Das ist ja eine häufige Anklage, gerade bei älteren Leuten, wenn sie in Gedanken ganz woanders waren. Das meine ich aber nicht, wenn ich sage: Unsere Kultur ist eine Zerstreuungskultur.

Konzentration, Aufmerksamkeit auf etwas werden immer schwieriger. Wer heute fernsieht, wird an diese Gleichzeitigkeit, die eigentlich Zerstreuung von Aufmerksamkeit ist, gewöhnt. Ob das Deutsche Welle oder CNN ist: Da laufen oben die Bilder und unten läuft schon eine zweite Information. Oben grüßt der Dalai Lama in Berlin und unten gleiten die neuesten Börsenkurse am Auge vorbei.

Und das bringt uns selber aus der Ruhe.

Zwar gibt es sie wirklich, die Fähigkeit, zwei, drei Dinge gleichzeitig zu tun. Manchmal ist das auch sinnvoll. Aber gegenüber einem Menschen, einem Mitmenschen in einem Gespräch, ist es ein ganz und gar unmögliches Verhalten.

Das ist übrigens auch der Kern der Meditation: *Ganz da sein*. Das ist natürlich weder einfach noch mit einer bestimmten Methode machbar. Wir Deutschen glauben, alles sei machbar. Irrtum. Manches muss wachsen, ganz organisch. Bildung eines Menschen zum Beispiel ist etwas, was langsam wächst. Mit der Meditation ist es nicht anders.

Ich werde immer wieder gefragt: Was ist benediktinische Meditation? Dahinter steht die Vermutung, das sei eine ganz bestimmte Methode, vielleicht sogar eine Art effiziente Anleitung. Das Gegenteil ist richtig. Es geht nicht um eine Methode, sondern um eine Lebensform. Um die Ausgewogenheit zwischen Gebet und Arbeit, um die im Wechsel zwischen der täglichen Arbeit und dem täglichen Chorgebet gewonnene Balance. Diese Balance, dieser Rhythmus, wenn man ihn jeden Tag lebt, wird natürlich auch »verinnerlicht«, er geht immer tiefer in den Menschen hinein. Wenn einer seinen Weg als Mönch ernst geht, dann ist er nach 30 Jahren sicher anders, als er im Noviziat war. Das kann ich aber nicht mit einer Methode machen. Da hilft kein Kopfstand und kein Trick.

Ein Mensch, für den Aktivität und Gebet zusammengehören und der beides täglich ausübt, verändert sich durch die Kraft dieser Übung. Stille, die keine leere Stille und viel mehr als bloßes Nichtstun ist, passt durchaus zu einem aktiven Leben.

Es gibt eine Geschichte von einem jungen Novizen und seinem Novizenmeister: Der nicht gerade übertrieben eifrige Novize klagt, er habe noch nie die Stille kennengelernt, die der Novizenmeister empfiehlt. Die Antwort des Novizenmeisters: »Stille erfahren nur aktive Menschen.«

Natürlich gibt es auch Meditations-Methoden, die man erlernen und einüben kann. Das Einzige, was solche Methoden einem beibringen können, ist, dass man ruhiger wird, vielleicht auch, dass man sich leichter konzentrieren kann. Aber ich denke, die Spiritualität eines christlichen Gesprächs besteht in einer tieferen Verankerung. Ihr »Ergebnis« besteht in dieser Haltung des Ganz-Daseins.

Gregor der Große bezeichnet die Kunst des Mönchseins als »bei sich wohnen können«. Auch der Zen-Buddhismus kennt das: Wer Za-Zen übt, bleibt sitzen und achtet auf den Atem. Da bleibt die Zeit stehen, ich spüre im Atem ihre Präsenz und ihr Vergehen, aber empfinde das als etwas nicht Negatives, sondern gebe mich hinein in diesen Rhythmus der Natur, in den Rhythmus des Kosmos. Es ist geradezu eine Erfahrung der Entpersönlichung. Alle Vorstellungen und Regungen sollen ausgelöscht werden.

Im Christentum, auch in der christlichen Meditation, ist das in meinen Augen anders. Sie ist personale Beziehung. Für Christen ist das Höchste die individuelle Person, die aufgeht in Gott. Und Gott lässt mich nicht in ein Nirvana aufgehen, sondern bringt mich erst in meiner Person zur Vollendung. In ihm kann ich mich verankern. Er gibt mir meine Würde und meine Ruhe. Ich muss mich weder hetzen noch brauche ich mich hetzen zu lassen. Auch in dieser Gegenwart erfahre ich Ewigkeit.

Christliche Meditation ist also nichts zur Steigerung eigener Fähigkeiten. Sie ist immer auf Gott und auf den Menschen bezogen. Manche sagen mir, du bist zu gegenständlich, wenn du Meditation so siehst. Ich kann da nur antworten: Die Liebe ist und bleibt gegenständlich. Sie geht auf einen anderen Menschen. Und das Zentrum des Christentums ist wirklich die Liebe. Und das hat

Konsequenzen im Umgang miteinander. Zu einer solchen Haltung gehört zum Beispiel einfach dazu, zu sagen: Jetzt ist alles andere nebensächlich. Ich bin nur für dich da. Erst mit einer solchen Einstellung bin ich frei für den anderen. Ich muss mich bewusst frei machen für den anderen. Ich muss mir die Zeit nehmen. Meinetwegen auch die Zeit dafür stehlen.

Solche völlige Präsenz in der Zuwendung dem anderen gegenüber zeigt: Wir können mitten in der Zeit eine ganz andere Qualität der Zeit erleben. Das ist nicht die Normal-Zeit, eingeteilt in Stunden und Minuten. Es ist eine Ewigkeitserfahrung.

Wie kann ich diese Ewigkeitserfahrung erklären?

Ich kann es nicht.

Ich kann auch keinem den Unterschied von Rot und Grün erklären.

Ich kann vielleicht die Wellenlängen erklären, aber nicht die Qualität der Farbe.

Die muss man sehen.

Und so kann man auch diese Ewigkeitserfahrung nicht erklären.

Man kann das nur erfahren.

In der Mitte

Hildegard von Bingen

Mitten im Weltenbau steht der Mensch. Denn er ist bedeutender als die übrigen Geschöpfe, die abhängig von jener Weltstruktur bleiben. An Statur ist er zwar klein, an Kraft seiner Seele jedoch gewaltig. Sein Haupt nach aufwärts gerichtet, die Füße auf festem Grund, vermag er sowohl die oberen als auch die unteren Dinge in Bewegung zu versetzen. Was er mit seinem Werk in rechter und linker Hand bewirkt, das durchdringt das All, weil er in der Kraft seines inneren Menschen die Möglichkeit hat, solches ins Werk zu setzen. Wie nämlich der Leib des Menschen das Herz an Größe übertrifft, so sind auch die Kräfte der Seele gewaltiger als die des Körpers, und wie das Herz des Menschen im Körper verborgen ruht, so ist auch der Körper von den Kräften der Seele umgeben, da diese sich über den gesamten Erdkreis hin erstrecken.

Das größte Geschenk

Henri Nouwen

Die wirkliche Frage lautet nicht: »Was können wir einander bieten?«, sondern: »Wer können wir füreinander sein?« Zweifellos, es ist wunderbar, wenn wir einem Nachbarn etwas reparieren, einem Freund einen guten Rat geben, einem Kollegen einen hilfreichen Tipp geben, einem Kranken Linderung verschaffen und einem Pfarrangehörigen die Frohe Botschaft verkünden können. Aber es gibt ein größeres Geschenk als das alles. Das ist das Geschenk unseres eigenen Lebens, das aus allem, was wir tun, hervorleuchtet.

Je älter ich werde, desto mehr entdecke ich, dass mein größtes Geschenk, das ich anzubieten habe, meine eigene Freude am Leben ist, mein eigener innerer Friede, mein eigenes Schweigen und meine Einsamkeit, mein eigenes Gefühl, mich wohl zu befinden. Wenn ich mich selbst frage: »Wer hilft mir am meisten?«, dann muss ich zur Antwort geben: »Der Mensch, der bereit ist, sein Leben mit mir zu teilen.«

Der Fuchs im Garten

Joel ben Izzy

Ein hungriger Fuchs lief durch den Wald und kam schließlich an eine hohe Mauer. Er lief die Mauer eine Weile entlang, bis er merkte, dass sie einen riesigen Kreis bildete.

Da er gerne wissen wollte, was sich hinter der Mauer verbarg, suchte er nach einer Öffnung. Schließlich fand er ein kleines Loch. Er sah hindurch und erblickte den schönsten Garten, den er je gesehen hatte, mit lieblich duftenden Blumen, leckeren Melonen und jeder Menge tiefroter, reifer Trauben.

Nun wollte er unbedingt in den Garten, aber das Loch war zu klein. Er versuchte wieder und wieder, sich durch das Loch zu zwängen, musste dann aber doch einsehen, dass es sinnlos war. Jedoch wünschte er sich so sehr, in den Garten zu gelangen, dass ihm schließlich etwas einfiel: Er würde so lange fasten, bis er durch das kleine Loch passte. Und so hungerte er drei Tage lang, bis er gerade so durch das Loch kam.

Einmal im Garten musste er feststellen, dass dieser noch viel schöner war, als es von außen ausgesehen hatte. Er stürzte sich auf die Früchte und genoss sie in vollen Zügen.

Eine Zeit lang lief alles wunderbar, bis er merkte, dass er nicht alleine im Garten war.

Der Fuchs begriff, dass er fliehen musste, aber er war zu fett geworden und passte nun nicht mehr durch das Loch. Also musste er wieder fasten. Diesmal allerdings war es umso schwerer, denn er war von Köstlichkeiten umgeben. Nach drei sehr langen Tagen schaffte er es schließlich.

Wieder draußen, drehte er sich noch einmal um und sah in den Garten. »Ach du liebes, süßes Leben«, sagte er, »selbst die einfachsten deiner Freuden verlangen mir viel zu viel ab – und doch sind sie es wert.«

6

Heimkehren

Wo gehen wir denn hin?
Immer nach Hause.

Novalis

Wahre Liebe

Anselm Grün

Wer in sich zerrissen ist, kann nicht wirklich lieben. Er wird vielleicht oft von der Liebe sprechen und wird mit aller Kraft versuchen zu lieben. Aber es wird nicht die Liebe sein, die heilt, die eint und befreit, sondern eher eine Liebe, die den anderen an sich bindet, die Macht ausübt, die das eigene schlechte Gewissen beruhigen soll. Die Liebe, zu der das vollkommene Gesetz der Freiheit aufruft, lässt den Menschen frei sein, sie gibt ihm seine königliche Würde. Sie bewirkt Frieden, ermöglicht dem zerrissenen Menschen, dass er Ja zu sich sagen kann und so mit sich eins wird. Wahre Liebe eint und heilt den Menschen, macht ihn ganz. Und sie schenkt ihm Heimat, gewährt ihm ein Haus, in dem er wahrhaft zu Hause sein kann, in dem er wahrhaft der sein kann, zu dem Gott ihn berufen hat: ein freier Sohn und eine freie Tochter Gottes.

Der verlorene Sohn

Ein Mann hatte zwei Söhne. Der jüngere von ihnen sagte zum Vater: Vater, gib mir den Anteil des Vermögens, der mir zukommt. Da teilte er den Besitz unter sie auf. Wenige Tage darauf packte der jüngere Sohn alles zusammen, zog fort in ein fernes Land und vergeudete dort sein Vermögen durch ein verschwenderisches Leben. Nachdem er alles durchgebracht hatte, kam eine schwere Hungersnot über das Land und er fing an, Mangel zu leiden. Da ging er zu einem Bürger jenes Landes und drängte sich ihm auf; der schickte ihn auf seine Felder zum Schweinehüten. Gerne hätte er sich den Magen mit den Schoten gefüllt, die die Schweine fraßen, aber niemand gab sie ihm. Da ging er in sich und sagte: Wie viele Taglöhner meines Vaters haben Brot im Überfluss, ich aber komme hier vor Hunger um. Ich will mich aufmachen und zu meinem Vater gehen und zu ihm sagen: Vater, ich habe gesündigt gegen den Himmel und vor dir. Ich bin nicht mehr wert, dein Sohn zu heißen; halte mich wie einen von deinen Taglöhnern. Dann machte er sich auf und ging zu seinem Vater. Sein Vater sah ihn schon von weitem kommen, wurde von Mitleid bewegt, lief herbei, fiel ihm um den Hals und küsste ihn. Da sagte der Sohn zu ihm: Vater, ich habe gegen den Himmel und gegen dich gesündigt; ich bin nicht mehr wert, dein Sohn zu heißen. Der Vater aber sagte zu seinen Knechten: Holt schnell das beste Kleid heraus und zieht es ihm an und gebt ihm einen Ring an die Hand und Schuhe an die Füße! Holt das Mastkalb und schlachtet es! Wir wollen essen und fröhlich sein; denn dieser mein Sohn war tot und lebt wieder; er war verloren und ist wieder gefunden worden. Und sie begannen, ein Freudenfest zu feiern.

Sein älterer Sohn aber war auf dem Feld. Als er kam und sich dem Haus näherte, hörte er Musik und Tanz. Da rief er einen der Knechte herbei und fragte, was das sei. Der aber sagte ihm: Dein Bruder ist gekommen und dein Vater hat das Mastkalb geschlachtet, weil er ihn gesund wiedererhalten hat. Da wurde er zornig und wollte nicht hineingehen. Doch sein Vater kam heraus und redete ihm zu. Er aber gab dem Vater zur Antwort: So viele Jahre diene ich dir und habe nie dein Gebot übertreten; mir aber hast du nie (auch nur) einen Bock gegeben, damit ich mit meinen Freunden feiern konnte. Jetzt aber, als dieser dein Sohn gekommen ist, der dein Vermögen mit Dirnen verprasst hat, hast du ihm das Mastkalb geschlachtet. Er aber sagte zu ihm: Sohn, du bist allezeit bei mir und alles, was mein ist, ist dein. Feiern aber und uns freuen müssen wir; denn dein Bruder war tot und lebt wieder, er war verloren und ist wiedergefunden worden.

Zu Hause sein

Melanie Wolfers

Wo sind wir zu Hause? Das Haus, in dem wir daheim sind, ist nichts Äußeres, ist keine noch so schöne Villa. Nicht einmal der geliebteste Mensch kann eine Beheimatung schenken, die uns wirklich und verlässlich zu Hause sein lässt. Der Nabel, die große Narbe in der Mitte des menschlichen Körpers, erinnert bildhaft daran, dass der übergroße Wunsch nach Lieben und Geliebtwerden in keiner Beziehung für immer und ewig erfüllt wird. Der Hunger nach Glück, Geborgenheit und Ganzsein kommt an kein Ende. Der Mensch übersteigt den Menschen unendlich (Blaise Pascal). Er ist nicht in sich abgerundet, sondern gleicht einer Parabel, die nach oben offen ist. Für Glaubende ist »Gott« das Wort für die immer größere und letztlich grenzenlose Liebe, der wir uns verdanken. In diesem Sinn schrieb Aurelius Augustinus, dass der Mensch auf Gott hin geschaffen ist und sein Herz erst in Gott zur Ruhe kommt. Diese tiefe Verbundenheit lässt sich manchmal erahnen, etwa in Augenblicken der Stille und des Gebetes. Gilbert K. Chesterton drückt dieses Geheimnis, das sich im Gebet bisweilen ereignet, in einem Bild aus: In der Tiefe des eigenen Herzens entdecke ich eine Art von Zimmer, das ich dort nie vermutet hätte und in dem ein Licht schimmert. Ich erfahre die Stille wie eine Gegenwart. In solchen Momenten weiß ich mich in der eigenen Mitte aufgehoben, weil ich darin nicht allein bin. Von innen her werde ich liebend angeschaut. Und immer schon, im Voraus zu aller

Leistung und trotz aller Grenzen und Schuld, spricht eine Stimme zu mir: »Schön, dass du da bist!« In solchen Momenten lässt sich vertrauend erfahren, dass das gesuchte Zuhause immer schon da war und immer da sein wird.

Die bekannte biblische Geschichte vom barmherzigen Vater und seinen zwei Söhnen kann als die Suche nach einer solchen Beheimatung gelesen werden. Das Lukas-Evangelium erzählt, dass der Jüngere der beiden sich vom Vater, offenkundig einem wohlhabenden Grundbesitzer, das Erbe auszahlen lässt und in die Ferne reist. Dort führt er dank seines Vermögens ein unabhängiges, verschwenderisches Leben. Als sein fremdfinanziertes Glück zu Ende geht, muss er sich als Schweinehirt verdingen. Er verliert seine Autonomie und Würde. Durch diesen Job wird er für seine Landsleute »unrein«. Ihm selbst wird wohl deutlich, dass er »ein armes Schwein« ist. An diesem Tiefpunkt seines Scheiterns angelangt, erinnert er sich an seine Familie, an die Beziehung zu seinem Vater und auch daran, dass dort Überfluss herrschte. So macht er sich auf den Heimweg. Sein Vater, der anscheinend die ganze Zeit auf ihn gewartet hat, läuft ihm entgegen und veranstaltet aus Freude über seine Rückkehr ein großes Fest. Als der ältere Bruder dies mitbekommt, bleibt er dem Fest zornig fern. Dem Vater, der ihn aufsucht, wirft er anklagend vor, dass er wegen seines heruntergekommenen jüngeren Bruders einen solchen Aufwand betreibe, wohingegen er selbst nicht einmal einen Ziegenbock zum Feiern geschenkt bekommen habe. Und dabei sei er es doch, der für ihn all die Jahre treu gearbeitet habe. Warmherzig antwortet der Vater seinem Älteren, dass sie beide doch immer zusammen seien und sein ganzer Besitz auch ihm gehöre, aber dass die Rückkehr des Bruders doch gefeiert werden müsse. Ob der ältere Sohn auf die werbende Bitte seines Vaters eingeht oder nicht, lässt die Geschichte offen (vgl. Lukas 15,11–32).

Beide Söhne suchen eine Liebe, die sie ganz erfüllt, doch sie suchen am falschen Ort. Der jüngere Sohn lässt sich zu Lebzeiten seines Vaters sein Erbe auszahlen – eine in der damaligen Kultur ungehörige Forderung. Er nimmt in Kauf, seinen Vater zutiefst zu verletzen, um in der Ferne ungebunden und ausschweifend zu leben. Er opfert also die Beziehung mit seinem Vater zugunsten seines Wunsches nach Unabhängigkeit und Autonomie.

Im Unterschied zu seinem Bruder bleibt der ältere Sohn zu Hause und tut äußerlich alles, was von einem braven Sohn erwartet wird. Aber er ist seinem Vater innerlich fern, denn er versucht, sich dessen Zuwendung und Anerkennung durch Gehorsam und Leistung zu erkaufen. Als sein auf ganzer Linie gescheiterter Bruder die Zuwendung seines Vaters bekommt, nach der er sich selbst so sehnt, brechen sich Enttäuschung, Wut, Empörung und Neid die Bahn. Sein bisheriges Lebenskonzept wird massiv in Frage gestellt und sein unbewusster Deal, sich Liebe verdienen zu wollen, kommt ans Licht. Es könnte für ihn zur erschütternden Wende werden, die ihn entdecken lässt: »Ich habe versucht, mir ein Anrecht auf Güte und Liebe zu erarbeiten, anstatt zu realisieren, dass mein Vater mir seine Nähe und Liebe immer schon einfach so geschenkt hat.« Doch dies geht ihm nicht auf und so bleibt er verbittert und vorwurfsvoll auf Distanz.

Wenn das auf Genuss orientierte Weggehen von zu Hause und das auf Arbeit und Leistung fixierte Daheimbleiben umfassender verstanden werden, dann wird ersichtlich, dass beide Söhne in der Fremde sind: Sie sind fern von ihrem Vater. Und sie sind entfremdet von sich und der unhörbar leisen Stimme in ihrem Innern: »Es ist gut, dass es dich gibt!«

Wie du der geliebte Mensch wirst

Henri Nouwen

Lieber Freund, der Anfang und die Vollendung des Lebens aus dem Geist bestehen darin, Gottes Geliebter Sohn zu werden. Warum sage ich das? Weil wir, sobald wir ahnungsweise diese Wahrheit erfasst haben, auf den Weg des Suchens nach der Fülle dieser Wahrheit gesetzt werden und keine Ruhe mehr finden, bis wir in dieser Wahrheit ausruhen können. Von dem Augenblick an, da ich für mich die Wahrheit in Anspruch nehme, von Gott geliebt zu sein, trifft mich auch der Ruf, das zu werden, was ich bin. Die große geistliche Reise, die ich antreten muss, führt dorthin, wo ich voll und ganz der von Gott geliebte Mensch bin.

Das Wort des heiligen Augustinus: »Ruhelos ist mein Herz, bis es Ruhe findet in dir, o Gott«, beschreibt diese Reise recht treffend. Aus dem Umstand, dass ich ständig nach Gott suche, dass ich ständig darum ringe, zur Fülle der Liebe zu gelangen, dass ich mich ständig nach allumfassender Wahrheit sehne, darf ich schließen, dass ich bereits einen Vorgeschmack von Gott, von der Liebe, von der Wahrheit verkostet habe. Ich kann nur das suchen, was ich in einem wenn auch noch so bescheidenen Maß bereits gefunden und kennengelernt habe. Wie könnte ich die Schönheit und die Wahrheit suchen, wenn ich nicht bereits im Tiefsten meines Inneren eine Ahnung von der Schönheit und Wahrheit hätte?

Es scheint, dass wir Menschenwesen alle tief in uns Erinnerungen an das Paradies, das wir verloren haben, mit uns tragen. Oder vielleicht ist das Wort »Unschuld« dafür treffender als das Wort »Paradies«. Wir waren unschuldig, ehe wir anfingen, uns schuldig zu fühlen; wir lebten im Licht, ehe wir in die Finsternis gerieten; wir waren im Paradies, ehe wir anfingen, nach einer Heimat zu suchen. Tief in den Abgründen unseres Geistes und unseres Herzens liegt der Schatz verborgen, den wir suchen. Wir wissen, wie kostbar er ist, und wir wissen, dass er jenes Geschenk enthält, nach dem wir uns am meisten sehnen: das Geschenk eines Lebens, das stärker ist als der Tod.

Wenn es stimmt, dass wir nicht nur der Geliebte Sohn *sind*, sondern dass wir auch der Geliebte Sohn *werden* müssen; wenn es stimmt, dass wir nicht nur Kinder Gottes *sind*, sondern dass wir auch Kinder Gottes *werden* müssen; wenn es stimmt, dass wir nicht nur Brüder und Schwestern *sind*, sondern dass wir auch Brüder und Schwestern *werden* müssen ... wenn all das stimmt, wie können wir es anstellen, diesen Prozess des Werdens in Gang zu setzen? Wenn das geistliche Leben nicht nur eine Weise ist, etwas zu sein, sondern auch eine Weise, etwas zu werden – wie sieht dann dieses Werden aus?

Du bist Pragmatiker genug, um die Frage zu stellen, wie wir es anstellen sollen, von der ersten zur zweiten Unschuld zu gelangen, von der ersten zur zweiten Kindheit, vom Geliebter-Sohn-Sein zum vollen Geliebter-Sohn-Werden. Diese Frage ist äußerst wichtig, denn sie zwingt uns, alles romantische Schwärmen und Idealisieren fahren zu lassen und uns auf die ganz konkrete Wirklichkeit unseres alltäglichen Lebens einzulassen. *Der Geliebte Sohn werden, das bedeutet, die Wahrheit Fleisch werden lassen, dass wir geliebt werden, und zwar in restlos allem, was wir denken, sagen oder tun.* Das setzt einen langen und mühsamen Prozess der Aneignung oder besser: der Fleischwerdung voraus.

Solange die Wahrheit, dass ich »Geliebter Sohn« bin, nicht mehr als eine erhabene Idee ist, die über meinem Leben schwebt, um mich davor zu bewahren, in Depressionen zu verfallen, ändert sich nichts Wesentliches. In Wirklichkeit geht es darum, dass ich mitten in den Banalitäten meines Alltags der Geliebte Sohn werde und dass sich Stück für Stück die Kluft schließt zwischen dem, wovon ich weiß, dass ich es bin, und den unzähligen Einzelheiten meines tagtäglichen Lebens. Der Geliebte Sohn zu werden bedeutet, die Wahrheit, die mir vom Himmel her offenbart ist, auf den Boden der Gewöhnlichkeit herabzuholen, in der ich bin und mit der ich mich im Denken und Reden unablässig beschäftige.

Die Grille, die zum Mond hüpfte

Joel ben Izzy

Vor langer, langer Zeit, als die Welt noch jung war, lebte eine Grille, die davon träumte, auf den Mond zu hüpfen, um auf die Erde hinabblicken zu können. Jede Nacht sprang sie so hoch sie konnte und streifte gelegentlich die unteren Äste eines Baumes und manchmal sogar die oberen. Aber nie kam sie auch nur in die Nähe des Mondes. Die anderen Grillen, die in ihrem Tal lebten, lachten sie aus. »Auf den Mond?«, kicherten sie. »Lächerlich. Unmöglich.« Aber die Grille ließ sich nicht davon abhalten, sie versuchte weiterhin auf den Mond zu hüpfen. Doch mit der Zeit wurden ihre Knie von den harten Landungen schwach. So konnte sie weder springen noch abends ihr Lied zirpen. Die anderen Grillen machten sich weiterhin über sie lustig. Und doch ließ sie nicht locker und kletterte langsam die Bäume hoch, bis sie eines Tages starb.

Selbst nach ihrem Tod hielten sich die Witze über sie hartnäckig. Sie wurden länger und länger und verwandelten sich schließlich in Geschichten. Sie wurden von einer Generation an die nächste überliefert und später auch in die Lieder mit eingewoben.

Bis auf den heutigen Tag hört man sie über die Abenteuer der Grille singen. »Schau!«, sagen Grilleneltern zu ihren Kindern, »da ist sie! Du kannst ihr Gesicht in den Schatten des Mondes sehen, sie blickt zu uns herunter.«

Und so kam es, dass ihr Traum sich nach vielen, vielen Jahren doch noch verwirklichte.

Wo das Herz zu Hause ist

Phil Bosmans

Jeder Mensch, der auf die Welt kommt, ist sein Leben lang auf der Suche nach Geborgenheit. Er will ein Zuhause finden, ein bisschen Sicherheit und menschliche Wärme. Wer keine Geborgenheit findet, ist ein angeschlagener, unglücklicher Mensch, einer, der sich nicht wohlfühlt in seiner eigenen Haut. Ein Kind braucht bei Vater und Mutter verlässliche Geborgenheit. Ein junger Mann sucht Geborgenheit bei einem jungen Mädchen und umgekehrt. Zwei Menschen suchen beieinander Geborgenheit in der Ehe und in der Freundschaft. Der Grund aller Geborgenheit ist: Liebe.

Verstehst du, wie schrecklich es sein muss, wenn es im Leben von Menschen keinen gibt, der sie herzlich und mit offenen Armen aufnimmt? Du kannst nicht leben, wenn du keinen hast, der dich mag, der sich um dich sorgt, der etwas für dich empfindet, einen, dem du dich von Zeit zu Zeit anvertrauen kannst und bei dem du immer willkommen bist. Du kommst zwar mit vielen Menschen im Leben zusammen, aber es sind nur wenige, die in dein Leben eintreten und deren Leben mit deinem Leben ganz eng vertraut ist. Was für ein Segen, wenn es gute Menschen sind, Menschen, bei denen du geborgen bist, bei denen dein Herz zu Hause ist.

Bedingungslos geliebt

Anselm Grün

Daheim bin ich dort, wo ich geliebt werde, wo ich keine Rolle spielen muss, wo ich sein darf, wie ich bin, weil ich mich bedingungslos geliebt weiß. Auch diese Erfahrung hat mit einer Liebe zu tun, die größer ist als die persönliche Sympathie. Ich muss mir diese Liebe nicht erarbeiten. Sie wird mir geschenkt. Sie ist einfach da. Ich bin von dieser Liebe getragen.

Heimkehr

Rainer Maria Rilke

Heimkehr: wohin? Da alle Arme schmerzen
und Blicke, alle, missverstehn.
Auszug: wohin? Die Fernen sind im Herzen,
und wie sie dir nicht *dort* geschehn,

betrügst du dich um jeden Weg. Was bleibt?

Nichts, als zu *sein*. Zum nächsten Stein zu sagen:
Du bist jetzt ich; ich aber bin der Stein.
Heil mir. Die Not kann aus mir Quellen schlagen,
und das Unsägliche wird aus mir schrein,

das Menschen nicht ertragen, wenn sie's treibt.

Anhang

Quellenverzeichnis

Alle Quellentexte sind, soweit nicht anders vermerkt, im Verlag Herder, Freiburg im Breisgau, erschienen. © Verlag Herder GmbH, Freiburg im Breisgau

Als Bibelübersetzung ist zugrunde gelegt: Die Bibel. Die Heilige Schrift des Alten und Neuen Bundes Vollständige deutschsprachige Ausgabe © Verlag Herder GmbH, Freiburg im Breisgau 2005

Franz Alt, Bernd Lohse, Helfried Weyer: Aufbruch zur Achtsamkeit. Wie Pilgern unser Leben verändert. © Kreuz Verlag in der Verlag Herder GmbH, Freiburg im Breisgau 2013

Ein Bibelwort für jeden Tag, 2013.

Phil Bosmans: Applaus für das Leben, 2015.

Phil Bosmans: Vergiss die Freude nicht, 2012.

Gernot Candolini: Labyrinth. Inspiration zur Lebensreise, 2015

Joan Chittister: Weisheitsgeschichten aus den Weltreligionen. Antworten auf die Fragen des Lebens, Taschenbuchausgabe 2013.

Anselm Grün: Bleib dem Glück auf der Spur. © Kreuz Verlag in der Verlag Herder GmbH, Freiburg im Breisgau 2011, © der Taschenbuchausgabe: Verlag Herder GmbH, Freiburg im Breisgau 2015.

Anselm Grün: Lass die Sorgen. Sei in Einklang! Einfach leben, 2015.
Anselm Grün: Der Stressengel und andere himmlische Boten. Die 33 Engel für alle Fälle, 2015.
Anselm Grün: Vom Zauber des Augenblicks, 2014.
Anselm Grün: Wie wir leben – wie wir leben könnten. Haltungen, die die Welt verwandeln, 2015.
Rainer Haak: Sieh mal an! Geschichten, die den Blick öffnen, 2015.
Ludger Hohn-Morisch (Hg.): Für jeden Tag ein gutes Wort, 2013.
Ludger Hohn-Morisch (Hg.): Für jeden Tag ein Stück vom Glück, 2004.
Schwester Gisela Ibele: 40 Tage himmlisch leben. Der Fastenkalender, 2013.
Margrit Irgang: Wunderbare Unvollkommenheit, 2010.
Joel ben Izzy: Der Geschichtenerzähler oder das Geheimnis des Glücks, Neuausgabe 2015.
Christian Leven (Hg.): Worte, die gut tun, 2012.
Lorenz Marti: Übrigens, das Leben ist schön. Entdeckungen auf der Rückseite des Selbstverständlichen. © Kreuz Verlag in der Verlag Herder GmbH, Freiburg im Breisgau 2013, © der Taschenbuchausgabe: Verlag Herder GmbH, Freiburg im Breisgau 2015.
Anthony de Mello und Anand Nayak: Der Weg zur Achtsamkeit. Sadhana – Meditationen für jeden Tag, Taschenbuchausgabe 2015
Yarito Niimura: Zen. Geschichten alter Meister, 2013.
Henri Nouwen: Du bist der geliebte Mensch. Heute spirituell leben, 2015.
Novalis: Werke und Briefe. München, Winkler 1962.

Rainer Maria Rilke: Sämtliche Werke. Werkausgabe. Band 3. Frankfurt am Main, Insel 1975.
Richard Rohr: Die Liebe leben. Was Franz von Assisi anders machte, 2015.
Richard Rohr: Dem Wunder begegnen. Durch die Fastenzeit bis Ostern, Neuausgabe 2016
[Andrea Schwarz] Das Andrea-Schwarz-Lesebuch. Herausgegeben von Ulrich Sander, 2013.
Andrea Schwarz: Windhauch Feueratem. Eigentlich ist Pfingsten ganz anders, 2014.
Christa Spannbauer: 40 Tage Achtsamkeit. Impulse für eine etwas andere Fastenzeit, 2015
Christa Spilling-Nöker: Kleines Buch der Lebensfreude, Neuausgabe 2015.
Pierre Stutz: Atempausen für die Seele, Neuausgabe 2015.
Pierre Stutz: Geh hinein in deine Kraft. 50 Film-Momente fürs Leben, 2015.
Alan Watts: Lebe jetzt! Der Weg der Befreiung, Neuausgabe 2014.
Notker Wolf: Gönn dir Zeit. Es ist dein Leben, 4. Auflage 2013.
Melanie Wolfers: Die Kraft des Vergebens. Wie wir Kränkungen überwinden und neu lebendig werden, 2013.

Textnachweise

S. 13: Candolini, Labyrinth, 53.
S. 17: Rohr, Dem Wunder begegnen, 15 f.
S. 18: Genesis 6,13–7,16.
S. 20: Spannbauer, 40 Tage Achtsamkeit, 37.
S. 21: Alt, Lohse, Weyer, Aufbruch zur Achtsamkeit, 16–19.
S. 25: de Mello, Der Weg zur Achtsamkeit, 13.
S. 26: Candolini, Labyrinth, 125.
S. 28: Zitiert nach: Ein Bibelwort für jeden Tag, 15.
S. 29: Spilling-Nöker, Kleines Buch der Lebensfreude, 110 f.
S. 30: Grün, Vom Zauber des Augenblicks, 139.
S. 33: Spilling-Nöker, Kleines Buch der Lebensfreude, 138 f.
S. 34: Candolini, Labyrinth, 60.
S. 36: Grün, Wie wir leben – wie wir leben könnten, 39–43.
S. 41: Spilling-Nöker, Kleines Buch der Lebensfreude, 28 f.
S. 42: de Mello, Der Weg zur Achtsamkeit, 44.
S. 43: Rohr, Dem Wunder begegnen, 34–36.
S. 45: Grün, Bleib dem Glück auf der Spur, 36.
S. 46: Zitiert nach: Ein Bibelwort für jeden Tag, 74.
S. 47: Schwarz, Windhauch Feueratem, 27–31.
S. 53: Novalis, Werke und Briefe, 105.

S. 55: Watts, Lebe jetzt!, 139 f.
S. 56: Stutz, Atempausen für die Seele, 11–14.
S. 58: de Mello, Der Weg zur Achtsamkeit, 41.
S. 59: Grün, Der Stressengel und andere himmlische Boten, 19–21.
S. 62: Spannbauer, 40 Tage Achtsamkeit, 13.
S. 63: Marti, Übrigens, das Leben ist schön, 26 f.
S. 65: Bosmans, Applaus für das Leben, 33.
S. 66: Niimura, Zen. Geschichten alter Meister, 41 f.
S. 68: Spilling-Nöker, Kleines Buch der Lebensfreude, 106.
S. 68: Stutz, Atempausen für die Seele, 132.
S. 69: Grün, Vom Zauber des Augenblicks, 8 f.
S. 73: Grün, Lass die Sorgen. Sei in Einklang!, 23 f.
S. 74: Irgang, Wunderbare Unvollkommenheit, 40 f.
S. 75: Spilling-Nöker, Kleines Buch der Lebensfreude, 141.
S. 76: Ibele, 40 Tage himmlisch leben, 5. Tag.
S. 77: Grün, Vom Zauber des Augenblicks, 95.
S. 78: Stutz, Geh hinein in deine Kraft, 32 f.
S. 79: Zitiert nach: Hohn-Morisch (Hg.), Für jeden Tag ein Stück vom Glück, 49.
S. 80: Alt, Lohse, Weyer, Aufbruch zur Achtsamkeit, 136 f.
S. 82: Spilling-Nöker, Kleines Buch der Lebensfreude, 144.
S. 85: Ibele, 40 Tage himmlisch leben, 12. Tag.
S. 86: Spilling-Nöker, Kleines Buch der Lebensfreude, 102 f.
S. 87: Irgang, Wunderbare Unvollkommenheit, 143.
S. 88: Candolini, Labyrinth, 2015, 114.

S. 89: Bosmans, Applaus für das Leben, 79.
S. 90: de Mello, Der Weg zur Achtsamkeit, 34 f.
S. 92: Chittister: Weisheitsgeschichten aus den Weltreligionen, 140 f.
S. 93: Haak, Sieh mal an! Geschichten, die den Blick öffnen, 62 f.
S. 95: Grün, Bleib dem Glück auf der Spur, 71.
S. 96: 1 Könige 19,9.11–13.
S. 97: Zitiert nach: Das Andrea-Schwarz-Lesebuch, 137 f.
S. 99: Rohr, Die Liebe leben, 223–225.
S. 101: Wolf, Gönn dir Zeit. Es ist dein Leben, 90–93.
S. 105: Leven (Hg.), Worte, die gut tun, 12 f.
S. 106: Nouwen, Du bist der geliebte Mensch, 95.
S. 107: ben Izzy, Der Geschichtenerzähler oder das Geheimnis des Glücks, 180.
S. 111: Zitiert nach: Hohn-Morisch (Hg.), Für jeden Tag ein gutes Wort, 179.
S. 112: Lukas 15,11–32.
S. 114: Wolfers, Die Kraft des Vergebens, 186–189.
S. 118: Nouwen, Du bist der geliebte Mensch, 31–33.
S. 121: ben Izzy, Der Geschichtenerzähler oder das Geheimnis des Glücks, 32.
S. 122: Bosmans, Vergiss die Freude nicht, 64 f.
S. 123: Grün, Bleib dem Glück auf der Spur, 75.
S. 124: Rilke, Sämtliche Werke, 3, 217.

Verzeichnis der Autorinnen und Autoren

Franz Alt, geboren 1938, ist Journalist und Bestsellerautor. Zahlreiche Auszeichnungen für sein publizistisches und ökologisches Engagement, unter anderem den Adolf-Grimme-Preis. Zuletzt bei Herder zusammen mit Bernd Lohse und Helfried Weyer: »Aufbruch zur Achtsamkeit. Wie Pilgern unser Leben verändert« (Taschenbuchausgabe 2016).

Phil Bosmans, 1922–2012, kath. Priester und Ordensmann, Begründer des »Bund ohne Namen«, der sich in zahlreichen Ländern menschlich und karitativ engagiert. Zahlreiche Veröffentlichungen (Weltgesamtauflage bei geschätzten über 9 Millionen). Zuletzt bei Herder u. a.: »Lichtblicke. Ein gutes Wort für jeden Tag« (zusammen mit Ulrich Schütz, 2012), »Blumen des Glücks musst du selbst pflanzen« (2014), »Applaus für das Leben« (2015). Im Internet: www.bund-ohne-namen.de

Gernot Candolini, geboren 1959, ist studierter Biologe. Er lebt als Lehrer, Fotograf, Autor und Designer von Labyrinthen und Gärten in Innsbruck. Seit 1992 beschäftigt er sich mit dem Thema Labyrinth und veröffentlichte zahlreiche erfolgreiche Bücher. Bei Herder: »Im Labyrinth sich selbst entdecken. Auf dem Weg zur inneren Mitte« (Neuausgabe 2011), »Labyrinth. Inspiration zur Lebensreise« (2015).

Joan Chittister, Dr. theol., amerikanische Benediktinerin, Erfolgsautorin, Dozentin, Leiterin von Kursen mit Auftritten im Fernsehen und eigener Internetpräsenz (www.benetvision.org). Bei Herder: »Weisheitsgeschichten aus den Weltreligionen. Antworten auf die Fragen des Lebens« (Taschenbuchausgabe 2013), »Das Leben beginnt in dir. Weisheitsgeschichten aus der Wüste« (Taschenbuchausgabe 2015).

Anselm Grün, geb. 1945; Dr. theol., Benediktiner und Verwalter der Abtei Münsterschwarzach; geistlicher Berater, Begleiter und Autor höchst erfolgreicher Veröffentlichungen. Zuletzt bei Herder u. a.: »Bleib dem Glück auf der Spur« (2015), »Der Stressengel und andere himmlische Boten. Die 33 Engel für alle Fälle« (2015). Internet: www.einfach-leben.de

Rainer Haak, Schriftsteller und Theologe, ist einer der erfolgreichsten Geschenkbuchautoren Europas. Seine Bücher wurden in zahlreichen Sprachen übersetzt. Durch seine Vorträge und Seminare ist er einem breiten Publikum bekannt. Zuletzt bei Herder: »Sieh mal an! Geschichten, die den Blick öffnen« (2015).

Hildegard von Bingen, 1098–1179, Benediktinerin, Dichterin und große Mystikerin des Mittelalters.

Schwester Gisela Ibele, geb. 1960, Franziskanerin von Reute. Ausbildung zur Erzieherin und Gemeindereferentin. Leiterin des Projekts »Sinn-Welt Jordanbad« in Biberach (www.jordanbad.de), eines Erlebnisparcours für alle Sinne. Zuletzt bei Herder: »Der Geschmack des Himmels. 12 Schritte für ein sinnliches Leben« (2012), »40 Tage Himmlisch leben« (2013).

Margrit Irgang, mehrfach preisgekrönte Schriftstellerin (Staatl. Bayrischer Förderpreis für Literatur, Münchner Literaturjahr, Marburger Förderpreis), praktiziert seit 1984 Zen. Sie ist Mitglied der »Intersein«-Gemeinschaft von Thich Nhat Hanh und lebt in der Nähe von Freiburg. Zuletzt bei Herder: »Wunderbare Unvollkommenheit. Das Zen-Buch der Lebenskunst« (Neuausgabe 2014).

Joel ben Izzy hat Literaturwissenschaft, Kreatives Schreiben und Story Telling an der Stanford University studiert. Anschließend reiste er viele Jahre durch die Welt und arbeitete als Lehrer und Geschichtenerzähler. Heute lebt er als Geschichtenerzähler und Story Consultant in Berkeley, Kalifornien. www.storypage.com. Bei Herder: »Der Geschichtenerzähler oder das Geheimnis des Glücks« (Neuausgabe 2015).

Bernd Lohse, geboren 1958, ist Pilgerpastor in Hamburg, hält Rundfunkandachten und schreibt Kolumnen im Hamburger Abendblatt. Er ist verheiratet und Vater dreier Kinder. Bei Herder zusammen mit Franz Alt und Helfried Weyer: »Aufbruch zur Achtsamkeit. Wie Pilgern unser Leben verändert« (Taschenbuchausgabe 2016).

Lorenz Marti, geb. 1952, freier Autor, Kolumnist, war bis 2012 Mitarbeiter der Redaktion Religion des DRS. Er lebt mit seiner Frau in Bern. Im Verlag Herder in vielen Auflagen: »Mystik an der Leine des Alltäglichen« (3. Aufl. 2013), »Eine Handvoll Sternenstaub« (2014), »Übrigens, das Leben ist schön. Entdeckungen auf der Rückseite des Selbstverständlichen (Taschenbuchausgabe 2015). Weitere Informationen: www.lorenzmarti.ch

Anthony de Mello, 1931–1987, geb. in Bombay (Mumbai), studierte nach seinem Eintritt in den Jesuitenorden Philosophie, Theologie und Psychologie. Er leitete ein Beratungs- und Ausbildungszentrum in Lonavla (Indien) und war in vielen Ländern gefragter Begleiter und Kursleiter. Seine weltweit verbreiteten Bücher erscheinen auf Deutsch im Verlag Herder, zuletzt zusammen mit Anand Nayak: »Der Weg zur Achtsamkeit. Sadhana – Meditationen für jeden Tag« (Taschenbuchausgabe 2015).

Yarito Niimura, Pseudonym einer in Deutschland lebenden Autorin und Übersetzerin mit einer besonderen Liebe zu Zen-Geschichten. Bei Herder: »Zen. Geschichten alter Meister« (2013).

Henri Nouwen, 1932–1996, gab eine Karriere als Hochschulprofessor auf und schloss sich der von Jean Vanier gegründeten »Arche«-Bewegung eines gemeinsamen Lebens mit behinderten Menschen an. Er zählt international zu den wichtigsten spirituellen Autoren. Zuletzt bei Herder: »Du bist der geliebte Mensch. Heute spirituell leben« (Taschenbuchausgabe 2015).

Novalis, eigentlich Georg Philipp Friedrich von Hardenberg, 1772–1801, deutscher Schriftsteller der Frühromantik und Philosoph.

Rainer Maria Rilke, 1875–1926, einer der bedeutendsten und prägendsten deutschsprachigen Dichter des 20. Jahrhunderts.

Richard Rohr, Franziskanerpater, Gründer des »Zentrums für Aktion und Kontemplation« in New Mexico / USA, international bekannter und gefragter Vertreter einer zeitgenössischen christlichen Spiritualität. Zuletzt bei Herder: »Das Wahre Selbst. Werden, wer wir wirklich sind« (2013), »Stille und Mitgefühl. Gott und den Menschen finden« (2015), »Die Liebe leben. Was Franz von Assisi anders machte« (2015). Im Internet: www.cac.org

Andrea Schwarz, ausgebildete Industriekauffrau und Sozialpädagogin, heute als gefragte Referentin, Trainerin und Bibliolog-Ausbilderin tätig. Sie ist pastorale Mitarbeiterin im Bistum Osnabrück und lebt in Steinbild im Emsland. Andrea Schwarz gehört zu den meistgelesenen christlichen Schriftstellern unserer Zeit. Zahlreiche Veröffentlichungen im Verlag Herder, zuletzt: »Ein tanzender Stern« (2012), »Das Andrea-Schwarz-Lesebuch« (2013), »40 Tage Erfüllt leben. Der Fastenkalender« (2014).

Christa Spannbauer war Assistentin von Willigis Jäger. Sie widmet sich heute den Weisheitswegen aus Ost und West und prüft deren Alltagstauglichkeit für den modernen Menschen. Sie praktiziert Zen, Kontemplation und Yoga.

Christa Spannbauer lebt in Berlin. Bei Herder erschienen: »40 Tage Achtsamkeit. Impulse für eine etwas andere Fastenzeit« (2015).

Christa Spilling-Nöker, Dr. phil., ev. Pfarrerin mit pädagogischer und tiefenpsychologischer Ausbildung. Zahlreiche erfolgreiche Veröffentlichungen. Zuletzt bei Herder: »Gute Besserung. Eine kleine Geschichte zum Gesundwerden« (2015) und »Pflück dir einen Stern! Eine kleine Geschichte zur Lebensfreude« (2015).

Pierre Stutz, spiritueller Begleiter, Dichter und Autor viel beachteter Bücher zu einer Spiritualität im Alltag. Bei Herder u. a.: »Das Pierre-Stutz-Lesebuch« (2013), »Der Stimme des Herzens folgen. Jahreslesebuch« (2014), »Geh hinein in deine Kraft. 50 Film-Momente fürs Leben« (2015). Im Internet: www.pierrestutz.ch

Alan Watts (1915–1973) ist durch seine ebenso verständlichen wie erhellenden Interpretationen östlicher Philosophie für den Westen weltweit bekannt geworden, vergleichbar wohl nur mit D. T. Suzuki. Watts, Sohn eines China-Missionars, war anglikanischer Priester, Professor und Dekan. In zahlreichen Büchern befasste er sich mit der Philosophie des Zen, des Buddhismus und des Taoismus. Bei Herder: »Lebe jetzt! Der Weg der Befreiung« (Neuausgabe 2014).

Notker Wolf, Dr. phil., seit 1961 Mönch der Benediktinerabtei St. Ottilien, 1977 zum Erzabt gewählt, seit 2000 Abtprimas der Benediktiner mit Sitz in Rom. Sehr erfolgreiche Veröffentlichungen. Zuletzt bei Herder: »Jetzt ist Zeit für den Wandel. Nachhaltig leben für eine gute Zukunft« (2012), »Die sieben Säulen des Glücks« (Taschenbuchausgabe 2012).

Melanie Wolfers, geb. 1971, Dr. theol.; 2002 bis 2004 Hochschulseelsorgerin in München, 2004 Eintritt in den Orden der Salvatorianerinnen, Sozialarbeit in Palästina (Westbank). Heute lebt Melanie Wolfers in Wien und leitet die Initiative IMpulsLEBEN, eine offene Bildungsarbeit für junge Menschen. Mit Andreas Knapp Autorin von »Glaube, der nach Freiheit schmeckt« (Herder spektrum Taschenbuch 2. Aufl. 2013).

FSC
www.fsc.org
MIX
Papier aus verantwortungsvollen Quellen
FSC® C014496

www.herder.de

Umschlaggestaltung: Designbüro Gestaltungssaal
Umschlagmotiv: © Gernot Candolini
Vignetten im Innenteil: © Designbüro Gestaltungssaal
Satz: SatzWeise GmbH, Trier

Herstellung: GGP Media GmbH, Pößneck
Printed in Germany

ISBN 978-3-451-31101-7

Von der elementaren Grunderfahrung des Pilgerns

ISBN 978-3-451-06810-2

Pilgern ist immer auch ein Aufbruch zur Achtsamkeit, der im Alltag fortgesetzt werden kann. Franz Alt ist mit Helfried Weyel und Bernd Lohse den Olavsweg in Norwegen gepilgert. Ihr Buch erzählt von dieser konkreten Wanderroute, aber vor allem von den Grunderfahrungen, die alle Pilger machen, egal auf welchem Weg sie unterwegs sind: der Auseinandersetzung mit der Natur und der Konfrontation mit dem eigenen Ich.

In jeder Buchhandlung

HERDER **www.herder.de**